세상을 향해
변론하라

세상을 향해 변론하라

발행일	2018년 10월 31일
지은이	이 명
펴낸이	한아타
펴낸곳	출판법인 드림워커
제작처	(주)북랩 book.co.kr
등록일자	2017-08-08
등록번호	제2018-000083호
등록주소지	서울특별시 용산구 한강대로7길 22-6 이안오피스 1층 102호
홈페이지	https://drmwalker.modoo.at
이메일	ii21@live.com
전화번호	050-4866-0021
팩스번호	050-4346-5979
ISBN	979-11-958185-3-2 03320 (종이책) 979-11-958185-2-5 05320 (전자책)

이 도서의 국립중앙도서관 출판예정도서목록(CIP)은 서지정보유통지원시스템 홈페이지(http://seoji.nl.go.kr)와 국가자료공동목록시스템(http://www.nl.go.kr/kolisnet)에서 이용하실 수 있습니다.
(CIP제어번호: CIP2018031920)

세상을 향해 변론하라

성공적 삶을 위한 프로 법조인의 다정한 인생 조언

변호사 이 명 지음

조금 늦은 것에 대한 해명은
자신에게 맞는 길을 찾은 것으로 충분하다!

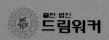

출판 법인
드림워커

책이 완성되기까지 수많은 망설임과 결심이 필요했다. 솔직히 말해, 나는 불특정 다수의 누군가에게 나 스스로를 드러내는 일들이 익숙하지 않은 사람이라고 할 수 있다. 조금은 소박하고 나서고 싶어 하지 않는 섬세한 특성을 가진 사람이다. 아이러니하게도(?), 나의 직업은 엄숙한 법정에서 사람들을 변호하고 그들의 '입술'이 되어 논리를 펼치는 변호사이다.

그렇게나 다른 사람들을 변호하는 일에는 익숙하면서, 나를 드러내는 일은 뭔가 어색하다. 아무튼, 잘 알지 못하는 대중에게 나를 드러내는 일들이 살짝 부담감이 느껴질 정도로 익숙하지 않은 편이다. 그러나 그럼에도 이처럼 글쓰기를 시도한 데는 나름의 이유가 있었다. 쉽지 않은 어린 시절을 보낸 나의 경험들이 오늘을 살아가는 젊은 세대들에게 도움이 되었으면 했기 때문이다.

우리가 살고 있는 이 시기는 젊은이들에게 '재난'의 시기라고 할 정도로 어려운 시기이다. 'N포 세대'라는 신조어가 생긴 지는 벌써 꽤 오래되었다. 사실, 지금의 신세대들은 기존의 부모 세대보다 경제적으로나 감정적으로 위축된 상태에서 삶을 사는 거의 유일한 세대이다. 한반도 전쟁을 전후로, 그래도 희망을 가질 수 있었던 것은 소위 '자식 세대'에는 이전의 부모 세대보다 언제나 '잘 살았다'는 사실이었다. 하지만, 지금의 세대들에게 그것은 가능한 일이 아니다. 부모들은 뼈 빠지게 일하고 나서도 청년을 훌쩍 넘긴 '장년'들을 아직도 부양하는 사례가 매우 빈번한 실정이다.

청년들에게 보다 실질적이면서 실용적인 조언이 필요한 시점이라는 생각이 든다. 이런 청년 세대들에게 '우리 때는 말이야, 너희 때보다 훨씬 힘들었다고!'라고 말하며 꼰대 냄새를 풍기는 것은 아무런 도움이 되지 않는다. 구체적인 이야기들로 '너도 잘할 수 있어!'라는 메시지를 줄 수 있어야 한다고 본다.

사실, 나는 소위 '똥구멍이 찢어지게 가난'하다는 표현이 어울릴 매우 힘든 어린 시절을 거쳤다. 그러다 보니, 전액 장학금 처리가 되는 '세무 대학'을 갈 수밖에 없었다. 지금 대학이 사라지긴 했지만, 그 경험들은 나에게 약이 되었다. 세무사를 거친, 국내에서는 정말 몇 안되는 변호사가 되었기 때문이다. 세무사 경험을 가진 세무 전문 변호사로 입지를 굳히고 있다.

젊은 시절 나 역시 훗날 지금의 내 모습이 될 거라는 생각은 하지 못했다. 그저 열심히 공부하고, 직면하는 도전들에 성실함으로 임하는 것 외에 달리 할 수 있는 것이 없었다. 그리고 남들보다는 좀 뒤늦게 달콤한 삶의 정점을 느끼고 있는 지금 이 순간, 스스로를 돌아

볼 잠시간의 여유가 생기기도 했다. '내 삶의 진정 가치 있는 것은 무엇이었는가?'를 돌이켜 보면서 무엇이 '지금의 나'로 스스로를 이끌었는가를 생각하게 되었다.

이제, 내가 얻은 삶의 장면들의 소소함과 나름 부끄럽지 않은 삶의 작금(昨今)에 대한 이야기를 해 보려고 한다. 그리고 이러한 나의 이야기들이 청년들에게 삶을 풀어가는 작은 실마리이자 실용적인 희망의 메시지가 될 수 있기를 바라본다.

이 책이 나오기까지 격려와 조언을 아끼지 않았던 사랑하는 아내에게 이 지면을 빌려 감사하다고 말하고 싶다. 바쁜 일과와 힘든 일상 가운데서도 오랜 시간 변함없이 나를 지원해 준 아내는 이 책의 또 다른 저자라고 할 수 있다. 또한, 책이 대중에게 나올 수 있도록 힘써 준 정남훈 님과 벗들께도 감사한다. 힘을 실어 준 많은 분들의 수고로움이 결코 헛되지 않도록 선한 영향을 줄 수 있는 책이 되었으면 한다.

그렇게나 따갑고 거칠게 내리쬐던 2018년 여름의 태양이 기세를 잃고 이제는 서늘함이 느껴진다. 상쾌하고 풍요롭고 한가로운 기운이 나에게, 그리고 우리 모두에게 깃들기를 바라본다.

2018년 10월

이명

삶을 살아가는 지혜

약자를 위해 변론하다

더 나은 사회를 위하여

I

시련은
더 나은
내일을 위한
담금질

시련은 어느 날 갑자기

나는 울산의 부잣집에서 6남 1녀 중 넷째로 태어났다. 어린 시절 아버지는 모 신문사 울산지국과 건설회사를 경영하셨다. 공기 좋고 전망 좋은 산 밑에 우리 집이 있었다. 뒷집을 2~3개 합친 것보다 훨씬 넓은 대궐 같은 집이었다. 마당에는 암석들과 예쁜 분재들이 100개 넘게 있었다. 어린 시절 분재에 물을 주는데 줘도 줘도 끝나지 않아 지치고 힘들었던 기억이 있다. 당시 대부분 연탄보일러였는데, 우리집은 기름보일러였다. 차고에는 차가 2대나 있었다. 무엇 하나 부족할 것 없는 풍족한 삶이었다.

그러나 중학교 때 아버지가 연대보증을 잘못 서시는 바람에 한순간에 부도가 났다. 부도가 나자 기름 살 돈이 없어 한겨울에 몇 달씩 냉방에서 자야 했다. 단단히 옷들을 껴입는 것도 부족해 이불을 여러 겹 덮고 잠들었다. 그때부터 신문 배달을 하기 시작했다. 지금도 자전거를 타면 두 손을 놓고 신문을 사각으로 접어 3층 정도는 정확하게 올릴 수 있다. 중학교 때부터 신문 배달하며 훈련한 기술

덕이다.

7남매. 당시에는 자식들 많은 것이 짐이었다. 평소에는 어머니가 중학생, 고등학생 형제들을 위해 도시락만 20개 정도 싸셨다. 하지만 부도가 나자 도시락 싸는 것도 힘들어졌다. 명절 때, 생일 때도 집안 분위기는 어두웠다. 어린 시절 새 옷을 입어 본 기억이 없다. 넷째였던 나는 형들이 입던 낡은 헌 옷만 물려 입었다. 그 시절 아버지가 갑자기 사라지셨다가 7년 후에 나타나셨다.

지금 생각건대 아버지가 하시던 사업이 부도가 났고, 부도난 수표의 금액이 많으면 구속 대상이었다. 「부정수표 단속법」 위반으로 피해 다니다가 7년 만에 나타나신 것이었다. 7년 동안 아버지는 집에 안 계셨다. 그런데 이따금 새벽에 누군가가 왔다. 형제들의 목격담에 의하면 커튼 사이에서 보이다가 사라지는 사람이 있다고 했다. 그런 목격담이 있는 다음 날이면 어머니가 좋아하셨다. 아마도 아버지가 새벽에 몰래 오셔서 쌀이나 돈을 주고 가신 것 같다.

시작부터가 꼬인 내 인생

    울산고등학교 1학년 때 우리 가족은 사촌 형이 운영하던 부천공단에 소재한 공장으로 야반도주하듯 이사를 했다. 구내식당 운영을 위해 식당 밑의 지하실로 들어갔다. 스펀지 방 같은 곳을 5~6개로 쪼갠 집이었다. 결혼 후 거처를 마련할 돈이 없던 큰 형과 형수가 그 집에서 함께 살았다. 울산고등학교에 다니다가 부천으로 전학을 왔다. 내 성적으로는 부천의 명문고에 충분히 들어갈 수 있었다. 그러나 전학생을 받아주는 조건으로 당시 상당한 금액의 발전기금 기부를 요구했다.

    아버지가 그 명문고로 나를 전학시키러 가셨다가 다시 돌아오셨다. 돈이 없기도 하였지만 여러 형편상 1년간 휴학을 했다. 휴학하는 동안 사촌 형 공장 일을 돕고, 신문 배달을 하며 지냈다. 학교를 못 가는 헛헛함에 책을 늘 들고 다니며 읽었다.

    나는 어릴 때 놀아보거나 놀러 가본 기억이 거의 없다. 지금 딸아이를 데리고 놀이동산에 자주 가는데 내가 즐거워서다. 어릴 때 만화영화를 본 기억도 거의 없다. 나이 들어 짱구 같은 만화를 딸아이와 같이 보는 것도 내가 즐거워서이다. '세상에 이런 것이 있네?' 딸이 커가는 과정에서 딸 핑계를 대며 실은 그 나이 때 누리지 못했던 것들을 역주행으로 체험하고 있다.

1년을 기다렸지만 1년 전의 그 명문고는 여전히 발전기금을 요구했고, 결국 들어갈 수 없어 다른 학교로 전학을 갔다. 마침 전학하는 날 시험이 있었다. 얼떨결에 앉아 시험을 보는데, 그때 처음으로 OMR 카드를 봤다. OMR 카드 사용법을 몰라 컴퓨터용 사인펜이 아닌 연필로 답안 체크를 했다. 당연히 빵점을 맞았다. 교련 선생님이 머리를 때리며 "시험이 장난이야?" 하며 교무실로 데려가셨다.

그나마 성적이 중간이라도 되면 봐주겠다며 혼내셨는데, 채점을 하니 내가 전교 1등의 성적이었다. 얼치기 촌놈 같아 보이는 놈이 전교 1등의 성적을 내자 선생님들은 모두 놀라셨다. 그 후 그 학교를 졸업할 때까지 전교 1, 2등을 놓치지 않았다.

중학교 때부터 하던 신문 배달은 고등학생이 되고, 부천에 올라와서도 계속해야 했다. 매일 새벽 배달을 하고 부랴부랴 학교에 가는데, 배달 자전거를 차마 학교에까지 가져갈 수 없어 학교 앞 연립주택 뒤편에 몰래 대놓고 들어갔다. 남녀공학 학교에서, 여학생들에게 만큼은 신문 배달하는 사실을 숨기고 싶었다. 새벽 4시 30분에 일어나 2시간 가까이 신문 배달을 했다. 비 오는 날에는 그보다 시간이 한참 더 걸렸다. 그러다 보니 학교에서 오전 수업시간에는 잠만 잤다.

처음에는 선생님들이 왜 자냐고 하시다가, 나중에 내 사정을 알게 된 후엔 그냥 자라고 내버려두셨다. 수업시간에 잠을 자도 성적이 잘 나오니까 많이 봐주신 듯하다. 선생님들의 배려 속에서 오전 수업은 무조건 잤다. 작은 키로 맨 앞자리에 앉아 하염없이 잤다. 점심 때가 돼서야 부스스 일어나서 그때부터 공부를 시작했다. 돌아보면 그 시절 정말 많이 울었다.

나에게 희망은 공부밖에 없었다. 난 반드시 공부를 잘해야 했다. 신기한 것은 학원 한 번 안 가고, 문제집 살 돈이 없어 교과서만 풀었는데도 성적은 잘 나왔다. 그래도 학원 가고 과외공부하는 친구들이 무척이나 부러웠다. 처절하게 가난했던 어린 시절은 기억하기 싫은 추억들만 가득하다.

자전거 없이 신문 배달할 때 버스 기사님들한테 신문 한 부를 드리면 버스를 공짜로 탈 수 있었다. 기사님들은 스포츠신문을 엄청 좋아하셨다. 내 신발은 항상 구멍이 나 있었다. 그것이 부끄러워서 계속 가리던 기억이 난다. 그래도 당시에는 살기 위해 구멍 난 신발을 신고, 신문 배달을 할 수밖에 없었다.

서울에 올라와서도 집안 형편은 나아지지 않았다. 성적은 연고대를 갈 수 있었으나 가정형편 때문에 전액 국비로 운영되는 국립세무대학에 진학했다. 대학생이 돼서도 주말에는 건설현장에서 일당 노동을 하여 몇만 원이라도 돈을 벌어야 했다.

어릴 때부터 단련된 이런 경험들로 인해 지금은 웬만한 어려움이와도 피하려 하지 않는다. 열 몇 시간씩 앉아 일해도 죽지 않는다는 것을 알게 되었다. 힘든 상황에서도 살아낼 수 있다는 것을 경험하게 되니, 어려움이 닥쳐도 버틸 힘이 생긴 것이다. 지금 생각해보면 어렵게 고생하며 자란 것이 인생의 주춧돌이 된 것이다. 내 딸도 그렇게 키우고 싶지만 마음대로 되지 않는다. 힘겨웠던 과거가 아름답다고 생각한 적이 없었는데, 이렇게 책을 쓰게 될 줄은 몰랐다.

세상에 나갈 준비를 하다

세무대학은 대부분 공부는 잘하지만 학비가 없는 전국의 가난한 학생들이 모인 학교다. 세무공무원을 만드는 2년제 과정으로 전원 기숙사 생활을 한다. 새벽 6시 모닝 팡파르와 함께 기상하자마자 운동장을 돈다. 입학한 후 술 한잔 오가는 분위기에서 촛불을 들고 모여앉아 자기 이야기를 하는 시간이 있었다. 그때 동급생들의 살아온 이야기를 듣고는 나만 힘든 삶이 아니라는 것을 느꼈다.

그 전까지는 '왜 나만 이렇지? 왜 내 인생만 이럴까?' 한없이 절망스럽고 우울했다. 고등학교 때는 당시 유행하던 〈개 같은 내 인생〉이란 영화 제목을 수첩에 써놓고 내 인생은 정말로 개보다 못한 인생이라며 한탄하기도 했다. 그러나 세무대학에는 나보다 더 심한 친구들이 정말 많았다. 내 인생 수준의 이야기는 어려운 쪽에 속하지도 않았다. 이때부터 더는 내 이야기를 하지 않았다. 왜냐하면 세상에는 나보다 더 힘들게 사는 사람들이 내가 상상하는 것보다 훨씬 많고, 나만 불쌍한 것이 아니라는 것을 깨달았기 때문이다.

세무대학은 전액 국비로 운영되다 보니, 책, 체육복, 옷, 밥까지 다 주었다. 졸업하면 바로 8급 공무원으로 자동 임명됐다. 졸업하자마자 경찰공무원으로 발령 나는 경찰대학교와 같은 시스템이다. 당시 나를 공무원으로 만들어주었던 세무대학은 폐교됐다. IMF 때 구조조정을 당한 것이다. 일반 대학에도 회계학과나 세무학과가 있는데 굳이 국비로 세무대학을 운영할 필요가 없다는 주장이 주된 이유였다.

일반 대학에 경찰행정학과는 많지 않다. 4년제 경찰대학은 없어지지 않았지만 2년제 세무대학은 20년 차에 없어졌다. 당시 세무대학 자리는 국세공무원교육원으로 사용하다 최근 매각되었다고 한다. 후배가 없으니 동문회도 유명무실하다. 총 19기 중에 나는 11기이다. 11기이지만 동문회에서 나는 여전히 막내인 것 같다. 17기, 18기 등 후배 기수로 갈수록 동문회에 나오지 않는다. 학교가 없는 비애라고 할 수 있다.

세무대학 졸업하고 공무원으로 임용된 나이가 21살이다. 세무대학 다닐 때 가장 기억에 남은 것은 주말에 공사장에서 일당 노동을 하면서도 열심히 활동했던 연극동아리였다. 내 성격은 심하게 내성적이었다. 한창 사춘기 때 옷도 제대로 못 입고 다니고, 힘들게 살다 보니 할 이야기도 숫기도 없었다. 내세울 것이라고는 오직 공부뿐이었다.

지금도 성격은 바뀌지 않았다. 일과 관련해서는 자신 있게 대화하고 추진하는데, 개인적인 대인관계는 아직도 소극적이다. 연극반 주연도 하고, 극단하고 연결되어 큰 무대에서 뒤주 속에 갇혀 죽는 사도세자 역할도 했었다. 내성적인 성격을 바꿔보겠다는 일념으로 젊은 시절 패기로 열정적으로 활동했다. 대학 생활 대부분을 연극으로 보냈다. 그러나 천성은 바뀌지 않는 것 같다. 배우로서 무대에 서서 연기할 때와는 달리 개인적으로 사람을 만나면 내성적인 성격이 바로 나온다. 여전히 처음 만난 자리에서 이런저런 이야기들을 못한다. 낯설고 어렵다.

업무와 관련된 만남은 대화로 풀어가며 공감할 수 있지만, 낯선 사람들과 말문 트는 대화는 아직도 어렵다. 하지만 지금은 나의 지나온 삶을 돌아보고 정리하며 더욱 발전적인 모습을 브랜딩하고자 하는 새로운 목표가 생겼기에 용기를 내고 있다.

현실의 벽을 실감하다

공무원으로 일하던 시절 승진, 보직과 관련해서 불만이 많았다. 나는 아침 9시부터 밤 11시까지 일만 했다. 여름 밤에는 웃통을 벗고 일했다. 그렇게 누구보다 열심히 일했지만, 내가 원하는 위치에 결코 갈 수 없었다. 오히려 아침 9시에 출근해서 사라졌다가 점심 먹고 오후 1~2시경에 나타나 2~3시간 일하고 6시에 칼퇴근하는 사람이 원하는 보직으로 갔다. 추측건대 인사권을 쥐고 있는 높은 사람들과 자주 만나고, 술도 먹고, 밥도 먹어서일 것이다.

그러나 나는 다들 필요하다고 조언하는 그런 일들은 원래 못했고 오로지 일만 했다. 한번은 인사권이 있는 사람이 나에게 와서 열심히 일한다며 같이 밥 먹으러 가자고 했다. 그의 용건은 일을 잘하니까 더 많은 일을 내게 떠넘기는 것이었다. 일을 많이 해내면 해낼수록 일을 더 시키는 악순환의 구조였다. 사람을 찾아다니는 것을 못하는 나는 일로 승부를 보려 했지만, 결국은 미련한 선택이었다.

내가 사회생활을 하던 당시에는 상사가, 상사의 부인이 뭘 좋아하는지 캐치해서 제때 선물하는 것도 매우 중요한 일이었다. 상사의 기분을 맞춰주고 로비도 잘하면서 일도 해야 하는 데, 마냥 일만 하는 사람에게는 기회가 오지 않았고, 나 스스로도 지쳐갔다. 그렇게 희망을 찾지 못하였기에 나갈 수밖에 없었다.

더 나은 내일을 위하여

보통 변호사가 되려면 법대 4년을 졸업한 후 신림동 고시원에서 2~3년 준비해서 사시에 합격하기까지 6~7년, 그 후 연수원 생활 2년을 거친다. 최소한으로 8~9년이 걸리는 과정을 3년으로 압축한 것이 로스쿨 과정이다. 그러다 보니 법학을 공부하지 않은 나 같은 비전공자는 정말 버거운 과정일 수밖에 없었다. 로스쿨에는 이미 법학을 상당 시간 공부하다 들어온 사람들이 대다수였다.

처음에는 로스쿨 40명 정원에서 35등을 했다. 상위등수 25명 정도는 이미 사시를 준비했던 사람들이었다. 법학이라는 것이 개념이 잡히고 틀이 만들어지기 전까지는 사정없이 헤매게 하는 학문이다. 그러나 일단 틀이 만들어지고 나면 밑으로 내려가지 않는다. 변호사 업무도 3~4년까지는 헤매다가 그 이후부터는 안정적으로 간다. 소송에 대한 틀이 대략 이해되고 경험이 쌓이면 그때부터는 편안하게 사건을 처리할 수 있게 되는 것이다.

처음에는 법학이 너무나 어려웠다. 내게는 완전 별나라였다. 변론주의 같은 말이 무슨 용어인지 모르겠고, 피고와 피고인의 의미도 헷갈렸다. 다른 세상의 생소한 용어들에 적응하는 것이 무척이나 힘들었다. 39살 때 로스쿨에 입학해서 41살까지 3년을 공부했다. 1학년 때 성적은 밑에서 놀았다. 그러나 2학년이 되고 용어들을 익히고 나니, 이제는 다방면의 사회 경험을 가진 나에게 더 유리한 면이 보이기 시작했다.

2학년 때부터 배우기 시작하는 실무 과목의 성적이 오르기 시작해서 졸업하기 전 마지막 학기 때는 4~5등을 할 수 있었다. 20대 때 하는 공부랑, 사회에서 돈 벌다가 가진 것 다 버리고 하는 공부는 확연히 달랐다. 집에는 기어 다니는 아이가 있었지만 같이 놀아주지 못하는 미안함, 시험에 대한 부담감, 경제적인 불안감 등이 오로지 공부에 매진할 수밖에 없게 만들었다(그때를 생각하면 지금도 아내에게 미안하다).

한편으로는 늦깎이 공부가 주는 즐거움도 있었다. 법이란 것도 결국 일상에서 일어나는 많은 이야기를 다른 용어로 정리해 놓은 것이었다. 법학 책에서 어렵게 말하는 것을 많은 사회경험에 비추어 생각해 보면 이해가 되었다. 내가 나름대로 다시 풀어 정리하면 그대로 점수가 나왔다. 항상 미결이 있고, 내일 처리할 복잡한 일들로 개운하지 못했던 사회생활과는 달리 그냥 앉아서 공부만 열심히 하면 결과로 나오는 것이 너무나도 큰 행복이었다.

물론 로스쿨에서도 교수님들을 자주 찾아가 뵙고, 밥도 먹고, 생일 선물도 드린다. 하지만 그러한 것들과 성적이 비례하지 않는다. 공부한 만큼 결과가 나왔다. 사회와는 달리 부정한 편법보다는 정직한 노력에 비례하여 인정받을 수 있어서 정말 좋았다.

이처럼 내가 열심히만 하면 결과도 공정하게 나오는 시스템하에서 일하고 싶다. 어디를 가나 지금까지 내가 본 사회는 불공정했다. 빽있고 연줄이 있어야만 대우를 받았다. 누구를 아느냐 모르느냐가 일의 결과를 좌우했다.

그래도 지금 나가고 있는 법원은 공정하다고 생각한다. 열심히 소송을 하다 보면 판사도 그 뜻을 알아주는 것 같고, 전혀 예상할 수 없는 결과를 주지는 않는다. 지금까지는 그렇다. 듣기에 대형 법무법인이 맡는 사건은 예외가 있을 수 있다고는 하나 잘 모르겠다. 적어도 내가 다루었던 사건에서는 공정한 판단을 받았던 것 같다.

현재까지는 나의 도전이 옳았고, 변호사로서 큰 보람을 느끼면서 일하고 있다. 앞으로 어떤 도전을 하게 될지 모르겠지만 어쨌든 진행형임에는 틀림없다.

II

나에게
'맞는 길'을
찾아가기

나는 어떤 사람인가?

나는 술을 잘 마시지 못한다. 한 잔만 마셔도 얼굴이 벌게지고, 조금만 무리하면 토하고야 만다. 술 마실 자리가 생기면 전날부터 힘들어진다. 회식이나 낯선 사람들과 밥 먹는 자리도 내게는 어려운 일이다. 그런 분위기에서는 제대로 먹지 못하는데 억지로 불편하게 먹고 나면 역시나 몸에 탈이 나고 힘들어진다. 세무사 시절 이런 나의 체질 때문에 힘들었다.

성격도 내성적이라 어찌 보면 세무사나 변호사 일은 나하고 전혀 맞지 않다. 낯선 사람들을 만나야 하고, 상담도 많이 해야 하는 일이기 때문이다. 나는 어릴 때부터 심하게 내성적이었다. 이런 성격을 바꾸고 싶어서 대학 때 여러 가지 시도를 해 보았지만 잘 안 바뀌는 것 같다.

변호사가 된 지금도 업무와 관련된 만남은 대화로 풀어가며 공감을 나눌 수 있지만, 업무 외 낯선 사람들과 말문 트는 대화는 아직도 어렵다. 일과 관련해서는 자신감 있게 대화하고 추진하는데, 개인적인 대인관계는 아직도 내성적이다.

진정한 '나'를 만들기 위해 속도 조절을 하다

노력과 성실함으로 세무사로서는 인정을 받았지만 한편 아쉬움이 있었다. 대학원에 입학하였다. 서울시립대학교 세무대학원에서 세법 공부를 하면서 나의 시야가 넓어졌다. 세법 전문가가 되기 위해서는 민법이나 행정법 등 법학 지식이 필요하다는 것을 느꼈다.

더욱이 법률시장에는 세법을 잘 아는 변호사가 극소수라는 것을 알고 있었기에 조세전문 변호사 영역이 블루오션이라는 것을 직감하고 있었다. 특히나 내성적인 성격의 내가 성공할 수 있는 분야는 경쟁이 거의 없는 분야로 진출하는 것뿐이라고 생각했었다.

대학원에 다니면서 자연스럽게 로스쿨 제도가 도입된다는 것을 알 수 있었고, 로스쿨에 대한 관심이 생기면서 각종 정보를 얻을 수 있었다.

실제로 변호사가 되고 보니 나의 예측은 크게 틀리지 않았다. 내

주변의 지인들이 대부분 세무업계에 종사하고 있어 큰 노력을 들이지 않고도 조세소송을 할 수 있게 된 것이다. 법률시장에는 아직까지 세법을 이해하여 조세소송을 할 수 있는 변호사가 제한적이었기 때문에 변호사 개업 초기부터 바쁘게 지낼 수 있었던 것이다. 여러 가지 면에서 현명한 선택이었다.

변호사가 2만 명을 넘었다고 하고, 사무실을 구할 여력이 안 돼 아파트를 사무실로 쓰는 변호사도 있다고 한다. 그러나 자기만의 전문 영역이 있으면 변호사 일 초반에는 조금 어려울 수 있으나 조금만 있으면 안정적으로 일할 수 있게 된다. 나 역시도 아주 빠르게 자리를 잡았다. 전문 영역에서 나만의 확고한 위치를 만들었기에 내가 원하는 환경에서 내가 원하는 방식으로 일을 할 수 있게 된 것이다.

'창'이었으나 '방패'가 되다

어떤 일의 성격을 '창과 방패'라는 것으로 나누어 본다면 국세청 업무는 '창'의 성격에 가깝다고 볼 수 있다. 적극적인 영업이 필요한 업무들 역시 '창'의 업무라고 볼 수 있다. 이러한 '창'의 업무는 적극적이고 외향적 성향의 사람들에게는 잘 맞겠지만 나에게는 불편했다. 나는 오히려 '방패'의 역할이 마음 편한 것 같다. 의뢰인을 대변하는 세무사, 변호사 등의 업무가 나에게 더 맞는 것이다.

국세공무원으로 근무할 때 돈이 생길 수 있는 기회가 많았다. 세금을 걷는 일은 특수한 업무이자 부패하기 쉽고, 사명감이 없으면 할 수 없는 일이다. 일반적으로 법원의 판결이 있어야만 타인의 재산에 강제력을 행사할 수 있으나, 세법은 법원 판결이 없이도 강제력을 행사할 수 있다.

세금을 연체하면 「국세징수법」에 근거해 바로 체납자의 재산을 압류하고 공매할 수 있다. 그러므로 국세공무원의 영향력은 강력하다. 국세공무원에게 밉보이면 당장 재산 모두를 압류당할 수 있다. 국세공무원이 된 지 얼마 안 되던 21~22살인 내가 60대 사업가에게 "그런 식으로 사업하면 되느냐?"며 고압적인 태도로 지적한 적이 있다.

마치 서울대를 졸업하자마자 사시에 합격한 후 27~28살에 바로 판사가 된 젊은이가 60대 황혼 이혼하는 부부에게 "그 나이까지 돼서 굳이 왜 이혼하느냐? 그냥 살지!"라고 훈계하는 상황과 비슷한 것이다. 새파란 20대가 사업하며 산전수전 다 겪으신 어르신들한테 "이따위로 하면 되느냐? 똑바로 해라. 압류하겠다. 세무조사하겠다" 며 으름장을 놓았다.

20대의 나는 법대로 하면 되는 줄 알았다. 법대로 압류를 했는데, 그로 인해 파산할 뻔한 사업가가 있었다. 그 사업가는 아파트 대출이 있었는데, 회사 운영이 갑자기 어려워져 몇천만 원의 세금을 못 냈다. 지금 생각하면 일시적으로 자금이 막힌 상황이었다. 그럼에도 내 입장에서는 세금징수 실적이 우선이었고, 납세자 형편을 고려하지 못하였다.

세금이 연체되자 아파트가 있다는 것을 확인하고는 바로 아파트를 압류하였다. 일시적으로 연체한 상황이라면 사정을 듣고 몇 달간 유예해주고, 형편이 돌아올 때 내도록 하면 되는데 나는 기다려주지 않았다. 독촉기간 1주일이 지나고, 보름 정도 시간을 줬는데도 세금이 들어오지 않자 바로 압류통지를 보낸 것이다. 아파트에 대출이 있는 상태에서, 국세청의 압류가 들어오자 대출해줬던 은행에서는 사업자에게 대출을 상환하라고 압박함과 동시에 경매에 넘기겠다고 독촉하였다.

그렇게 되자 사업가는 급전을 빌려 세금을 납부하고서는 나를 원망하는 듯한 눈빛을 보이고는 돌아갔다. 국세공무원 시절을 돌이켜 보면 그때가 가장 후회된다. 비싼 이자를 주고 빌려온 급전을 다 갚지 못했으면 또 엄청난 손해를 봤을 것이다. 이러한 상황에서 과연 법대로 하는 것이 최선인가? 만약 내가 그때 6개월만 기다려줬다면 그 사업가는 밀린 세금을 내고, 다시 일어설 수 있었을 것이다. 그도 간절하게 선처를 요구했으나 내가 거절했다.

사회 경험이 부족했던 20대의 나는 법대로 처리해 버렸다. 법대로 하는 원칙과 현실의 괴리감 속에서 깊은 고민을 하게 됐고, 무언가가 부족하다는 생각을 하게 됐다. 세금의 전문가가 되기 위해서는 더 공부하고, 더 넓은 곳에서 배우고 경험하는 것이 좋겠다는 생각을 하였고, 결국 공무원을 그만두게 되었다.

예전에는 세금을 징수하러 다니던 '창'이였다면 이제는 납세자를 보호하는 조세 전문 변호사로서 '방패'의 입장에 선 것이다. 그때 오

랫동안 갈등하고 고민했지만, 공무원을 그만둔 것은 잘한 일이라고
생각한다.

나는 왜 변호사가 되었을까?

세무사로 업무를 하고 그에 맞는 수입도 올리고 있어 안정적이었지만 변호사가 되려고 한 이유는 크게 두 가지로 말할 수 있다.

첫째는 적성에 맞는 일을 찾기 위해서였다. 세무공무원으로 재직했을 때나 세무사 사무실을 운영했을 때 느낀 점은 학연, 지연, 혈연과 일의 해결은 상관관계가 있다는 것이었다. 그런데 술도 잘 마시지 못하고 내성적인 나로서는 그런 부분이 넘어서기 힘든 과제였다.

혼자서 글 쓰고 책 읽는 것을 좋아하는 나의 성향으로 볼 때 법원에서 이루어지는 절차들이 더 잘 맞는 것 같았다. 나만 열심히 하면 그에 상응한 결과가 돌아오리라 생각했고, 법원은 서류와 증거만으로 공평하게 판단해 줄 거라 생각했다. 더욱이 국세청 공무원과 세무사를 거치면서 쌓은 전문지식을 바탕으로 변호사를 한다면 조세분야에서는 경쟁력이 분명히 있을 거라는 점을 염두에 두었다.

실제로 법조계에 와서 일을 해보니 나의 예측은 크게 틀리지 않았다. 개인적으로 변호사 초기에는 힘들었지만, 여러 가지 면에서 현명한 선택이었다.

둘째는 경쟁 없는 블루오션 분야를 개척하기 위해서였다. 세무사 시절 서울시립대학교의 세무전문대학원에서 공부를 하면서 조세소송에 전문인 변호사가 매우 적고, 많은 변호사들이 조세를 전문으로 하고 싶어 한다는 것을 알게 되었다.

왜 그들은 조세소송을 전문으로 하고 싶어 하면서도 조세소송을 하지 못할까? 그 답은 조세소송을 하기 위한 진입장벽이 높아서이다. 조세소송을 수행하려면 기본적으로 기업회계와 세법을 잘 알고 있어야 하며, 여기에 세무실무 경험도 필요로 한다. 특히 소송 상대방으로 상대할 국세청의 소송수행자는 그야말로 조세전문가이다. 국세청은 소송을 전담하는 송무부서를 별도로 두어 오랜 국세행정 경험이 있는 공무원을 소송수행자로 지정해서 조세소송에 대응하고 있다.

조세법리를 잘 알고 실무경험이 많은 소송수행자를 상대하려면 변호사도 그 이상이어야 하는데, 이러한 요건들이 진입장벽으로 작용하여 많은 변호사들의 희망분야이지만 실제로는 소송을 수행하기가 힘든 분야가 되어 버린 것이다.

그러나 나는 이미 세법이나 회계학에 대해서는 이론과 실무를 경험해 봐서 잘 알고 있고, 법학 실력만 갖추면 충분히 조세전문 변호사로 활동할 수 있으리라 생각했고, 로스쿨에서의 시간만 잘 견딜 수 있다면 블루오션을 개척할 수도 있겠다고 판단하였다.

지금 일반소송 시장의 사정은 매우 어렵다. 그러나 적어도 내가 전문 분야로 하는 조세 분야만은 그렇지 않은 것 같다. 나는 개업하고 영업을 따로 한 적이 없으나 지금까지 일이 없어 본 적은 없는 것 같다.

현재까지는 나의 예상이 적중한 것이다.

III

삶을
함께할
동반자가
있는가?

결혼? 그건 좋은 거야

나는 결혼하는 것이 좋다고 생각한다. 1+1이 단순히 2가 아닌 10이 될 수 있고, 100이 될 수 있다. 아내와 나는 성격이 전혀 다르다. 아내가 호탕한 편이라면 나는 소심한 편이다. 전형적인 A형이다. 그러나 이런 점이 상호보완이 되어 시너지를 내는 경우가 많다. 공무원 시절 일 때문에 알게 된 아내는 처음에는 비슷한 또래인 줄 알았다. 알고 보니 나보다 5살 연상에 굉장히 발랄하고 활발한 성격의 여자였다.

가게에서 물건을 고를 때도 아내는 처음 보고 빨리 결정하는 반면에 나는 여러 번 생각을 하다가 시간만 소비하지만 결국 아내가 고른 것으로 살 때가 많다.

우리는 항상 무언가 선택을 해야 한다. 그런 상황에서 나와는 너무나 다른 성향인 아내의 의견은 많은 도움이 된다.

물론 좋은 친구와도 이런 의견을 나눌 수 있겠지만, 결혼해서 같이 사는 사람이라면 더욱 친밀하게 의견을 나눌 수 있어 좋을 것 같다.

나의 부족한 점을 채워주고 열심히 일할 수 있는 원동력이 되어준 결혼아! 참 고맙다.

고비마다 있었던 '현명한 조언'

　돌이켜보면 아내의 조언들은 다 맞았다. 국세공무원 그만두고 세무사 공부할 때도, 세무사 그만두고 로스쿨 갈 때도 나를 믿고 참고 기다려준 아내의 선택은 옳았다. 국세공무원을 그만두고 세무사가 되려고 했을 때 '원하면 그만두고 공부하라'는 아내의 말이 가장 큰 힘이 되었다.

　국세공무원으로 10년을 근속하면 세무사 1차 시험을 면제받는 특혜가 있었지만, 이런저런 계산 없이 캐나다로 이민 간다고 둘러대고 7년 차에 나와 버렸다. 마음이 떠나자 그곳에 하루라도 더 남아 있기가 싫었다. 남들이 다 반대하고 막았을 때 아내가 내게 물어보았다. '잘할 수 있겠냐'고. '잘할 수 있다'라고 하니 '그럼 하라'고 했다.

　아내는 세무사 시험을 공부하는 내내 뒷바라지를 했다. 1년 반 만에 시험에 붙고 우리는 결혼했다. 세무사 사무실을 접고 로스쿨에 들어갈 때도 고민이 많았다. 언제 합격할지도 모르고 준비 기간도

길었기 때문에 선뜻 결정하기 어려웠다. 그때도 아내는 '세무사 부인보다는 변호사 부인이 낫다'고 하며 나의 뜻에 힘을 불어 넣어줬다. 모아 둔 돈 다 쓰고 퇴직금으로 버텨야 했지만, 아내는 나의 판단을 믿어주고 존중해줬다.

인생의 고비를 건널 때마다 삶의 동반자인 배우자는 정말 큰 힘이 된다. 사랑과 믿음을 바탕으로 서로를 보완해줄 수 있는 배우자를 만난다면 세상의 어떠한 풍파도 힘을 모아 함께 헤쳐 나갈 수 있을 것이다.

IV

도전은
신중하면서도
과감하게

두 번의 도전

첫 번째 도전은 국세공무원을 그만두고 세무사를 시작한 것이다. 국세공무원을 그만둘 때 참 힘들었다. 그때가 IMF 시기였는데, 다들 공무원이 되고 싶어서 안달이었다. 많은 지인들이 9급, 7급 공무원 시험 준비를 하고 있었다. 그때 나는 8급이었고, 7급 승진을 앞두고 있었으니 주변에서는 당연히 그만두는 것을 만류했다. 특히 국세공무원 채용 경쟁률이 엄청 높았던 때였으니 어떻게 보면 무모한 도전이었다.

세무사 시험에 합격하고 나서 돌이켜보니 새로운 도전을 한 것은 확실히 뭔가 남는 것이 있었다. 비록 실패했을지라도 그랬을 것 같다. 깊이 생각하고 그것이 내가 하고 싶은 일이라면 과감하게 실행할 필요가 있다. 실패하더라도 본전인 것이고, 후회 없이 도전하였다면 적어도 후회하는 일은 없을 것이다.

첫 번째 도전은 창에서 방패로의 역할 전환이기도 했다. 앞서도 언급한 것처럼 국세청의 업무가 '창'이라면, 세무사의 업무는 '방패'에 비유할 수 있다. 국세청은 국민으로부터 조세를 강제로 징수할 수 있는 권한이 법으로 보장되어 있는데, 이러한 징수권은 세무조사라는 강력한 수단에 의해서 실현된다.

나 또한 국세청 근무 시절 이러한 세무조사권을 행사하여 납세자로부터 세금을 징수하고, 숨긴 재산을 찾아 압류하기도 하였는데, 이러한 업무 경험이 세무사로서뿐 아니라 조세 전문 변호사로서 납세자를 변호하고 적절한 대응 방안을 찾는 데 큰 도움이 되고 있다.

두 번째 도전은 세무사 사무실을 접고 로스쿨에 도전한 것이었다. 그 당시에는 결혼하고 아기도 있었기에 어찌 보면 첫 번째보다 더 무모한 도전으로 보였을지 모른다. 개인적으로 새로운 도전이었고 도약의 시기였다. 혼자라면 본인만 감당하면 되니까 선뜻 도전해 볼 수도 있겠지만 가족이 있었기에 신중하였다.

가족을 부양해야 하는 입장이라 여러 가지로 고려할 점이 많았다. 나중에 알고 보니 내가 로스쿨에 가 있던 3년 동안 아내와 딸은 많이 힘들었다고 한다. 처자식이 있을 때는 진지하게 고려해서 결정할 필요가 있는 것이다.

애가 태어나고 애가 자라면서 아빠의 자리는 필요하다. 애들은 예측이 불가능해서 항상 주의를 하여야 한다. 한번은 애 엄마가 잠시 한눈파는 사이에 애기가 싱크대 위 밥솥에 연결되어 있던 케이블을 잡아당겨 전기밥솥이 떨어진 일이 있었다. 떨어진 전기밥솥 바로 밑에 있던 아이의 머리가 쑥 들어갔었다. 물을 부어도 될 정도로 깊이 파였다. 그때 병원에 가려고 했는데 울지 않아서 가지 않았다. 신기하게도 들어간 머리 부위는 마치 스펀지처럼 다시 올라왔고, 곧 회복되었지만 지금 생각해도 아찔한 기억이다.

혼자일 때는 과감하게 결정하는 것이 좋지만, 부양가족이 있을 때는 철저하게 준비할 필요가 있다. 세무사를 폐업하고 로스쿨에 도전할 때 가족을 배려한 준비를 철저히 하지 못한 점은 두고두고 아쉬움으로 남는다. 그때를 생각하면 아내와 딸에게 지금까지도 미안하다.

오랜 기다림 끝의 '도약'

2014년 무작정 변호사 사무실을 개업하고 초창기에는 많이 힘들었다. 외부에 알려지지 않은 상태라서 어쩌면 당연하였다. 그러면 소위 말하는 영업을 해야 하는데 내가 외향적인 편이 아니고 술도 못하는 편이라 더욱 힘들었다. 그렇지만 가만히 있을 수는 없어 여러 군데를 돌아다녔다. 매출이 없는 상태에서 돌아다니다 보니 비용만 계속 늘어났다.

결국 은행을 자주 찾게 되었다. 은행에 영업하러 간 게 아니라 마이너스를 메꾸기 위해서였다. 그러다 보니 빛도 생기고 점점 힘들어졌다. 사무실을 열고 2년 반은 매달 마이너스를 메꾸느라 힘들었다. 그러다 사건 하나를 맡게 되었다. 돌아가신 유명 패션 디자이너의 자녀들에게 부과된 상속세와 관련된 사건이었다. 중형급 로펌이 1심과 2심에서 패소하였는데 내가 맡아서 잘 처리하였다.

대법원 파기환송 사건이라 반향이 컸다. 조세 분야의 전문지인 세정신문사에서 찾아와서 인터뷰를 한 기사가 실렸는데, 이것이 발판이 되어 조세 전문 변호사로서 점차 이름을 알리게 되었다. 따로 홍보하지 않아도 전국에서 연락이 왔다. 그 사건이 나에게 온 것은 운이었지만 그 운을 살린 것은 이미 전문화가 되어 있던 덕이다. 철저히 준비하고 있으면 불현듯 날아온 운에도 결실을 볼 수 있는 것이다.

이 사건을 계기로 맡게 된 다른 조세소송들도 잘 처리하여 도약의 발판을 마련하였다. 사무실이 안정화되기까지는 대략 4~5년 정도가 필요한데 나는 거의 3여 년 만에 이루었으니 운이 좋았다. 그 이후 법률가 2명을 영입하여 지금의 법무법인을 꾸리게 되었다. 민사와 형사, 조세 분야를 각각 분담하여 소송 업무를 하면서 시너지를 내고 있다.

V

삶에
도전하는
이들에게

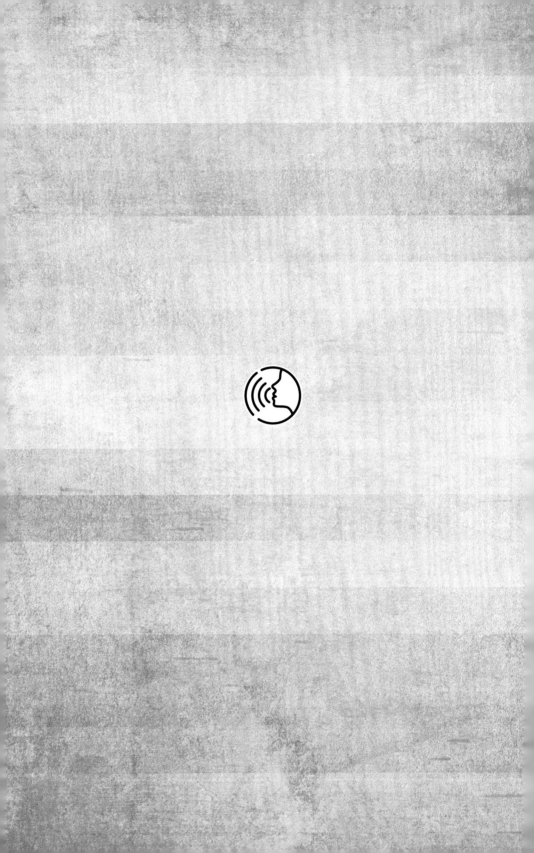

젊을 때 고생은 사서도 한다

'젊을 때 고생은 사서도 한다'는 말은 진리인 것 같다. 시험 공부할 때 고시원에서 있었는데 환경이 열악했다. 방음이 전혀 안 되는 방, 그리고 공동 샤워장을 이용하기 위해 새벽 일찍 일어나야만 했다. 거슬러 올라가면 부친의 사업 실패로 매일 새벽 신문 배달을 하면서 학업을 병행해야 했던 중·고등학생 시절, 돌아보면 아무래도 그 시절이 가장 힘들었던 기억으로 남는다.

대학 다니며 용돈을 벌기 위해 주말마다 건설현장의 일용노동자로 일했던 기억도 떠오른다. 그러나 그때의 땀 냄새 밴 경험들이 사회생활에서 어려움에 닥칠 때마다 인내하며 극복할 수 있는 원동력이 되었다. 그런 어려웠던 경험들이 현재의 나의 굳건한 정신적 밑거름이 되고 있다.

국세공무원 시절 부당하다고 생각되는 일이 있었다. 저녁 늦게 상사가 '지금 술집인데 술이 많이 취했으니 집에 데려다 달라'고 연락이 온 것이다. 잠결에 일어나 옷을 주섬주섬 입고 나가 술에 취해 축 처진 상사를 부축하여 택시에 태우고 집까지 바래다준 적이 있다. 예전의 힘든 생활이 상사의 부당한 요구나 감정적 어려움을 견디게 해줬다. 요즘도 일 때문에 새벽에 일어날 때면, 어린 시절 새벽 공기 마시며 신문 배달을 했던 그때가 떠올라 묘한 감회가 일어나곤 한다.

일이 몰려들어 잠을 줄여야 할 때도 과거 잠을 줄여가면서 일하고 공부했던 기억들이 새록새록 되살아난다. 나는 외국 생활을 못 해 봤지만 젊은 시절로 돌아간다면 외국에서 고생하는 경험을 해 보고 싶다. 젊어서 고생은 훗날 그만한 값어치를 반드시 한다고 확신하기 때문이다.

중요한 것은 속도가 아니라 방향

세무사 사무실을 운영할 때 동기 세무사들 중 잘나가는 이들이 많았다. 새로운 차를 뽑고 좋은 집에 살고 술값도 흔쾌히 내는 그들이 당시에는 너무 부러웠다. 그런 친구들을 보면서 '나는 왜 잘 안 될까? 내 인생은 왜 이리 느리고 답답할까?'라는 생각을 하곤 했다.

그러나 조세 분야에 최고가 되겠다는 나만의 목표를 세우고 한발 한발 묵묵히 내디뎠고, 지금은 그들이 가지지 못한 것, 예를 들면 법정에 서서 변론을 하는 것을 이루게 되었다. 지금 생각해 보면 내가 정한 '방향'이 맞았다.

우리 삶에서 중요한 것은 속도가 아니라 방향이라는 것을 보여주는 두 가지 이야기를 소개한다.

탈무드에 나오는 '마부와 마차' 이야기

한 나그네가 예루살렘을 향해 걸어가던 중 마차를 몰고 가는 마부를 만났다.

나그네는 다리가 너무 아파 태워달라고 부탁했고, 마부는 기꺼이 태워주었다.

나그네: 예루살렘까지 얼마나 걸리지요?
마부: 30분 정도 걸립니다.

나그네는 고맙다는 인사를 하고 잠시 잠이 들었다가 깨어보니 30분 정도가 지나 있었다.

나그네: 예루살렘에는 도착했나요?
마부: 여기서 1시간 정도 걸립니다.
나그네: 아니, 아까는 30분 정도 걸린다 했잖소!
마부: 이 마차는 반대 방향으로 가는 마차요.

황당하지 않은가? 비록 조금 느리더라도 설정한 목표를 향해 제대로 가고 있는지. 방향에 대한 점검은 매우 중요하다.

세계 5대 극지를 최초로 정복한 탐험가 홍성택 대장 이야기

인간이 아직 정복하지 못한 로체 남벽에 5번째로 도전하는 홍성택 대장의 인터뷰를 방송에서 들었다. 로체 남벽은 아직 산악계가 풀지 못한 숙제이자 세계 산악인들이 가장 동경하며 오르고 싶어 하는 산이다. 유일하게 정상에 오르지 못한 마지막 산이 로체 남벽이기 때문이다.

홍 대장은 네 번째 등반에서 8,250킬로미터까지 올라갔다 3백 미터를 남겨 두고 내려왔다고 한다. 홍 대장보다 많이 올라갔던 사람은 일본 오사카 산악연맹 대장이었다. 일본은 국가 차원에서 4년 연속 네 차례 로체 남벽을 등반했다고 한다. 한 해는 6천 미터까지, 다음 해는 7천 미터까지 전략적으로 나누어 오르다가 마지막 4년째는 드디어 정상에 올랐다.

그러나 막상 올라와 보니 안타깝게도 정상은 우측에 있었다는 것이다. '마지막 방향 설정의 미세한 실수'가 그동안 쏟아부은 엄청난 노력의 성과를 맺지 못하게 한 것이다.

그러므로 제대로 된 방향 설정은 매우 중요하다. 동기나 친구들이 앞서 나간다고 부러워하거나 비교할 필요가 없다. 내가 원하는 목표에 맞춰 그 방향으로 조금씩 나아가다 보면 결국 원하는 목적지에

도달할 수 있다.

　지금 눈에 보이는 이익, 돈 등에 현혹되어 방향을 잃어버리면 나중에 반드시 후회하게 된다. 50대 이후 내가 사랑하는 일이 없고 단지 돈을 위해서만 산다면 그보다 더 불행한 삶은 없을 것이다.

성공의 키워드 '忍(참을 인)'

요즘 젊은이들은 월급만 올려준다면 쉽게 이직해버리는 경우가 많다. 같은 직종이 아닌 다른 직종으로 옮기는 일도 심심치 않다. 월급을 많이 받을 수 있고 쉬워 보이니 어쩌면 당연한 일이다. 그러나 실제로는 생각처럼 쉽지 않은 경우가 대부분이다. 지금 하는 일이 자기가 하고 싶은 일이라면 힘들어도 참아야 한다.

지인의 자녀가 국내 학교에 적응하지 못해 유학을 갔는데 그곳에서도 적응하지 못하고 있다는 소식을 듣고 안타까웠다. 지금 처한 상황이 어려워서 다른 길을 선택하는 것은 또 다른 도피일 뿐이다. 몇 달 전부터 필드에 나가기 위해 집중적으로 골프를 배우고 있다. 집 근처의 헬스클럽의 골프연습장에서 아침 교습을 받았다.

나를 가르치는 골프 프로는 성격이 좋고 성실하였는데, 배우면서 이런저런 이야기를 나눠 보니 자기는 신참이라 아침 반을 맡고 있다고 했다. 반면에 저녁 반을 맡은 선임의 급여는 자신과 세 배 차이가 난다는 것이다. 그로 인한 상대적 박탈감을 느낀다고 했다. 그런 사정 속에서도 웃음을 잃지 않고 최선을 다해 가르치는 그의 모습이 좋았다.

그로부터 두어 달 후 헬스클럽 운영업체가 바뀌면서 저녁 반 선임이 다른 곳으로 이직하는 일이 발생했다. 그로 인해 자연스럽게 나의 골프 선생이 저녁 반을 맡게 되었다. 나도 저녁 반으로 옮겨, 사무실 일을 끝낸 오후 10시경 교습을 받는다. 요즘은 이 친구 얼굴이 활짝 피었다. 수강생이 많아져 좋고 덩달아 급여도 훨씬 많아졌다고 한다. 세상이 완전히 달라졌다고 하면서 늘 싱글벙글한다.

이 친구가 아침 반 시절 자기가 처한 환경에 대해 불평, 불만만 늘어놓고, 회원들에게 최선을 다하지 않다가 다른 곳으로 이직하였다면 이런 기회를 얻을 수 없었을 것이다. 누구든 자신의 자리에서 묵묵히 최선을 다한다면 언젠가는 기회가 온다.

수습 변호사 시절, 나는 돈을 바라지 않았다. 일만 주어진다면 최선을 다하겠다는 자세였다. 처음에는 일처리가 너무 느렸다. 남들이 6시간이면 처리하는 일을 나는 12시간이 걸렸다. 잠을 줄여 업무시간을 늘릴 수밖에 없었다. 그러나 묵묵히 내게 주어진 일을 성실하게 수행했다. 시간이 지나자 조금씩 성과가 나타났다.

처음에는 나에게 돈을 줄 의사가 없었던 로펌 대표도 별도로 수당까지 챙겨 주며 나를 인정해 주었다. 변호사 사무소를 차려 독립한다고 했을 때 대표가 많이 아쉬워했다. 직장 초기에 상사들이 부당한 요구를 하는 경우가 왕왕 있다. 상사가 담배 심부름, 커피 심부름을 시키면, 요즘 세대들은 기본권 침해라고 불쾌해하며 거부한다. 물론 이런 일들이 지속적으로 반복된다면 대처할 필요는 있다. 그러나 일시적인 경우라면 참을 수도 있어야 한다. 인내를 발휘해야 할 사항이다.

물론 상사가 부당한 업무 지시를 넘어 부정부패를 요구하는 정도라면 심각하게 고민해야 한다. "상사가 부패하면 바로 그 자리를 벗어나라. 그렇지 않으면 그 부패에 대한 책임이 당신에게 돌아온다"라는 경영의 구루(Guru) 피터 드러커의 말을 명심해야 한다. 이런 심각한 경우가 아니라면 인내하고 견뎌내는 것이 훨씬 좋을 때가 많다. 한곳에 오래 지긋이 있으면 반드시 볕 들 날이 온다.

도전하기에 늦은 나이는 없다. 그러나…

　로스쿨 다닐 때 조교들은 물론 몇몇 교수님들은 나보다 나이가 어렸다. 그러나 사회생활에는 경험만으로 이해할 수 있는 일들이 많다. 나이가 많다는 단점은 장점이기도 했다. 법 이론은 잘 모르지만 실무적으론 때때로 교수님들보다 나은 점도 있었다. 나의 인생경험이 같이 공부하는 어린 동문들에게 도움을 줄 때도 있었다. 나이가 많아 노안이 온 탓에 어쩔 수 없이 눈이 침침한 점을 제외하고는 젊은 친구들보다 유리한 점이 많았다.

　그러나 도전에는 늦은 때가 없다고 생각하면서도, 때로는 어떤 시점에 그만두는 것이 좋다고 생각한다. 수험 시절 주변에서 사법 시험에 10번 떨어진 사람을 보았는데, 이건 아니라는 생각이 들었다. 고시는 3번에서 5번 정도 시도해보고, 안 되면 인연이 아니라 생각하고 다른 일을 찾아보는 것이 현명하다고 본다. 예전에는 고시를 평생 볼 수 있었는데 요즘 변호사 시험은 5번의 시험 제한을 두고 있어 다행이다.

안 되는 일을 끝까지 끌고 가며 지나치게 미련을 갖는 것은 본인에게는 물론 가족에게도 할 일이 아닌 것 같다. 그러다 보면 결혼적령기를 놓치게 된다. 어찌 보면 고시 같은 수험생활은 오로지 나만을 위한 이기적인 시간이다. '세무사보다는 변호사 부인이 괜찮으니, 공부하고 싶으면 해보라'며 적극적으로 지지해줬던 나의 아내도 로스쿨 3학년 여름방학 때 이혼하자고 했다. 그 정도로 수험 생활은 만만치 않다.

그러므로 이미 결혼한 분들이라면 이 같은 도전에 대해 심각하게 생각해야 한다. 도전에 대한 사전 계획과 대비가 돼 있어야 성공확률을 높일 수 있다. 같이 로스쿨을 다니던 동문 중에는 아직도 합격하지 못한 이들이 있다. 이들은 로스쿨에서 3년과 수험생으로 5년을 합하여 8년의 시간을 허비한 셈이 된다. 물론 사회생활을 하는데 법학 지식이 큰 도움이 되겠지만, 법조인을 목표로 로스쿨에 왔는데 법조인이 되지 못했으니 그 시간이 헛되이 지나가버린 것이다.

도전에 늦은 때란 없지만 도전하기 전에 자신과 자신이 처한 환경을 냉철하게 인식하고 계획을 세우는 것이 반드시 필요하다. 고시 공부하다가 이혼하거나 중도 포기하는 상황에 처하면 차라리 시작을 안 하느니만도 못하기 때문이다. 도전에 늦은 나이는 없지만 도전하기에 앞서 철저한 준비가 필요하다.

쉽게 얻어지는 것이 없어 감사하다!

쉽게 들어오는 것들은 이상하리만치 쉽게 나간다. 어렵게 번 돈은 쪼개서 저축도 하게 된다. 세무대학을 다닐 때는 모든 것이 무료였다. 학비는 물론 옷도, 밥도 무료였다. 대신 군대처럼 새벽 6시면 점호가 있었고 교복을 입고 다녀야 했다. 자유로운 4년제 대학 생활이 무척이나 부러웠다.

딸아이를 갖는 데 많은 시련이 있었다. 임신이 되지 않아, 인공수정을 여러 번 시도했는데도 번번이 실패했다. 포기하자는 병원의 권유를 받고 마음을 비웠는데 바로 그때 아이가 생겼다. 인큐베이터에 있었던 딸은 어릴 적 온갖 병을 앓았다. 그러나 지금은 반에서 1, 2등으로 체격이 좋다. 돌아보면 최선을 다하되 마음을 비우고 결과를 담담히 받아들일 때 오히려 좋은 결실을 보는 경우가 많았다.

사무실 운영 초기에는 상황이 어려우니, 고객이 상담하러 오면 '이 고객은 얼마짜리 계약을 할까?'라는 생각이 앞섰다. 하지만 그런 생각을 갖고 상담에 임하면 실제 계약으로 이어지는 경우가 거의 없었다. 그 후부터는 조그마한 일을 들고 온 고객이라도 무조건 최선을 다했다. 그러다 보니 하나둘 성과가 나기 시작했다. 작은 일이라도 최선을 다하고, 결과에 지나치게 연연하지 않을 때 좋은 결실을 보게 된다는 믿음을 갖게 된 것이다.

친구들은 술자리에서 이따금씩 20대로 다시 돌아간다면 어떨까라는 이야기를 꺼내곤 하는데 나는 20대로 돌아가고 싶은 마음이 전혀 없다. 어렵게 가꾸어 온 현재의 내 삶이 너무나 만족스럽고 행복하기 때문이다.

VI

지금
'자격시험'을
준비하고
있다면

학교에서 보는 시험과 달리 직업 선택을 위한, 때로는 사회적 지위까지도 결정하는 시험들. 이를테면 세무사, 변호사, 공무원 시험, 고시 등은 집중적으로 공부해야 하고, 합격과 불합격이 명백히 나누어진다는 특징이 있다. 인생에서 중요한 시험에 합격하는 데 꼭 필요하다고 생각하는 점을 정리해 보았다.

사회와 단절하라

평생의 직업이나 사회적 지위를 결정할 만큼 중요한 시험을 준비하고 있다면 무엇보다도 사회와 단절해야 한다! 너무 가혹한 말일 수 있으나 현실이며, 그것이 가장 빨리 합격하는 길이다. 만약 연애하고 있다면 당장 헤어지든지 아니면 차라리 결혼을 하고 난 다음 안정된 상태로 준비하든지 선택해야 한다. 어정쩡한 상태로는 안 된다.

이런 종류들의 시험들은 공부 과정 자체가 매우 고통스럽기 때문에 사실 남을 배려한다는 것이 어렵다. 모든 인간관계를 단절하고 자극들을 차단한 채 폐인 같은 삶을 살 수 있어야 한다. 핸드폰도 카톡을 비롯한 SNS를 할 수 없는 구형 핸드폰으로 바꾸는 것이 좋다. 구형 핸드폰을 쓰더라도 시험 준비하는 데는 아무 지장이 없다.

시험 준비하면서 연애하고, 경조사 다 챙기고, 사람들과 술 마시는 것 좋아하며 정에 약한 사람들은 아무래도 합격하기가 힘들다. 같이 밥 먹을 수 있는 동성 친구 한두 명이면 충분하다. 나보다 시험 준비 기간이 길거나, 아는 것이 많아서 물어볼 수 있는 사람이면 더욱 좋다. 잠시 단절된 인간관계는 합격만 하면 어느새 회복된다. 나 역시 시험 준비하는 동안에는 독하게 공부에만 몰입했다. 물론 합격 후에는 그동안 챙기지 못했던 사람들을 찾아뵙고 인사드렸다. 오히려 나의 그런 모습들을 좋게 보고 예전보다 관계가 더욱 돈독해졌다. 합격 소식을 빨리 듣고 싶다면 사회와 단절되어야 한다.

공부를 위한 환경을 조성하라

나의 공부방은 최대한 단순화했다. 공부에 필요한 것들을 제외하고는 라디오가 전부였다. 자기 전 라디오로 듣는 음악은 정말 꿀맛이었다. 시험에 계속 떨어지는 지인의 공부방에 가보니 대형 모니터와 서라운드 시스템을 설치하여 영화방처럼 꾸며져 있거나 게임용 컴퓨터가 설치되어 있는 등 공부를 방해하는 유해물들이 방을 점령하고 있었다. 그렇다 보니 안 그래도 힘든 공부에 조금만 지치면 영화나 게임을 할 수 있는 자신의 방에 갇히고 싶은 유혹을 견디지 못하는 것이다.

인터넷이나 SNS를 통해 서로 일상을 공유하고 어울리는 것은 요즘 세대의 가장 기본적인 소통방식이다. 공부에 몰입하기 위해서는 인터넷과 같은 방해될 수 있는 것들을 과감하게 치워야 한다. 공부하는 공간과 잠자는 공간은 최대한 메마르게 만드는 것이 좋다. 부모들은 자녀를 공부에만 집중하라고 종종 시골에 있는 기숙학원에 보내는데 대부분 효과가 없다. 아무리 한적한 환경이라도 스마트폰을 사용할 수 있고 기숙사를 벗어나 밤늦게까지 어울릴 수 있으면 아무 소용이 없다. 강원도 산골짜기에 있는 기숙학원에 보내도 성적이 오르지 않는 이유다. 도심이라도 방해 요소를 없애고 공부에만 집중할 수 있는 환경을 만드는 것이 무엇보다 중요하다.

그러나 공부하는 환경을 만든다고 하더라도 휴식은 철저히 해야 한다. 휴식할 때는 공부로부터 최대한 멀리 떨어지는 것이 좋다. 방에 영화관을 설치할 것이 아니라 진짜 영화관에 가서 좋은 음향과 화질의 영화를 보고 오는 것이다. 등산을 하는 것도 좋다. 좋은 공기를 마음껏 마시고 많이 걷는 것은 의자에 앉아 공부를 해야 하는 이들에게는 보약과 같은 것이다. 다만 술을 마시는 것까지는 막을 수 없겠으나 절대 과음을 해서는 안 된다. 다음 날 공부하는 데 지장이 갈 정도로 마셔서는 안 된다.

생활은 최대한 단순하게

취미는 공부에 방해가 되지 않도록 한두 가지로 제한해야 한다. 등산이나 산책 등 되도록이면 혼자 하는 취미가 좋다. 하루 종일 움직일 일 없이 대부분 앉아 있으니 몸을 풀어줄 수 있는 가벼운 운동이 좋다. 일주일에 하루는 공부하지 않는 날로 정해야 한다. 머리를 충분히 쉬게 하고 정리하는 시간이 필요하다.

나는 월요일부터 토요일까지만 공부하고, 일요일은 무조건 쉬었다. 쉬는 날은 책 한 줄도 보지 않았다. 그렇다고 휴일에 사람들과 어울리는 것은 추천하지 않는다. 같이 밥 먹고 담소를 나눌 수 있는 동료 1명이면 족하다. 사람은 3명 정도만 모여도 뭔가를 도모하려 한다. 같이 모이다 보면 밥도 먹고 자연스럽게 술도 한잔하게 된다. 공부만 하다 오랜만에 술을 마시면 많이 마시게 되고 몸이 더 힘들어진다. 그러면 다음 날에 영향을 줄 수밖에 없다.

분위기에 휩쓸려 자기 주량 이상을 마시게 되면 컨디션 조절하느라 며칠을 날릴 수 있다. 술은 모의시험 치른 날과 같이 약간의 이완이 필요한 날, 사람들과 모여 가볍게 한잔하는 정도로 절제해야 한다. 즐거움이 없어야 공부하게 된다. 사람의 본능에 가장 거스르는 일이 장시간 앉아서 공부하는 것이다. 즐길 거리 하나 정도는 마련하는 것이 좋지만, 과하면 안 된다. 즐길 거리는 단순하고 소박해야 한다.

나의 경우는 라디오 말고는 다른 즐길 거리를 두지 않았다. 공부에 몰입하다 잠깐 쉬는 시간 흘러나오는 라디오 음악 한 곡이 매우 달콤하고 기쁘게 다가왔다. 이렇듯 수험생활 중에는 조용하고 사소한 기쁨을 즐길 수 있어야 한다. 고시, 자격증 시험과 같은 유형의 공부는 수도승 같이 단순하면서도 소박한 생활 리듬이 필요하다.

연애는 최대의 적

사랑은 사람이라면 누구나 할 수 있는 당연하고 강력한 본능이다. 연애 감정은 시험 공부에 악영향을 준다. 합격을 위해 사회와 단절하고, 시험에만 몰입하고 있을 때 시작하는 연애 감정은 치명적이다. 연애 감정이 생기면 본능적으로 거기에 몰입하게 되고, 하릴없이 앉아서 공부하는 것이 지겨울 수밖에 없다. 물론 처음부터 연애를 하고 있는 상태에서 공부를 시작했고, 연애가 평온하게 지속된다면 괜찮을 수도 있다.

그러나 연애하면서 싸우거나 혹은 헤어지기라도 하면 최악이다. 평온한 마음을 유지해도 공부가 잘 될까 말까 하는데 이처럼 감정의 동요가 심하면 공부하기는 더욱 힘들어진다. 고시와 같은 중요한 시험에서 몇 주를 소비하면 합격이 멀어지는 것은 당연하다.

개인적으로는 휴일에 잠깐씩 사람들과 교제하거나 식사할 때도 이성을 끼게 하는 것은 지양하자. 너무 매정하다고 할 수 있겠지만 목표를 이루고 난 다음에 만나도 늦지 않다.

  고시와 같은 공부는 시험일자가 다가올수록 엄청난 체력과 정신력이 필요하고 점차 힘든 상황이 가중되는데, 달달한 연애 감정이 끼어들면 거기로 도피하고 싶은 유혹이 강렬해진다. 그렇게 되면 시험은 끝났다고 봐야 한다. 커플 수험생의 경우 여자만 합격하고 남자는 떨어지는 사례를 간혹 보는데, 남자는 여자를 위해 공부하고, 여자는 시험을 위해 공부해서 그런 것이 아닌가 하는 생각이 든다. 시험 준비가 힘들다 보니까 힘듦을 토로하게 되는데 이때 대부분 남자가 여자를 달래주고 위로해준다. 그렇다 보니 남자는 공부 페이스를 놓치게 되고 합격과 멀어지게 된 것은 아닐까.

시험에 임하는 동기를 부여하라

시험 준비는 지난하고 어려운 과정이기 때문에 끊임없는 동기 부여가 필요하다. 목표를 수시로 상기해야 한다. 왜 이 시험에 합격해야 하는지, 나의 경우 왜 변호사가 되려고 하는지를 계속 되뇌어야 한다. 변호사 시험 공부 기간 동안 《법률신문》을 구독하고 읽었던 것이 좋았다. 법조계에서 일어나는 다양한 사건을 접할 수 있고, 여러 칼럼을 통해 법조인의 애환이나 현실을 실감나게 느낄 수 있었으며, 특히 나중에 변호사로서의 모습을 그리는 데 많은 도움이 되었고 확실한 동기 부여도 되었다.

시험 합격 후에 어떤 일을 하고 어떤 모습으로 살아갈 것인지를 구체적으로 그릴 수 있어야 동기 부여가 된다. 그러기 위해서는 합격한 선배들과 교섭할 기회를 가짐으로써 공부를 해야 하는 이유를 명확하게 하는 것도 공부에 큰 도움이 된다.

세무사 시험을 준비할 때는 미혼이었지만, 로스쿨에 다닐 때는 결혼을 했고 3살 난 딸도 있었다. 2주에 한 번 집에 갔는데, 기어 다니는 아이를 보며 같이 있을 수 없는 안타까움과 책임감으로 인해 공부에 더욱 매진할 수 있었다. 어렵고 고통스러웠던 시간은 합격 소식을 듣는 순간 정말 마술처럼 순식간에 사라졌다.

언제 그만두어야 하는가?

시험을 준비하기에 앞서 언제까지 시험에 도전할 것인지를 충분히 생각해 보아야 한다. 고시와 같은 시험은 한 번에 합격하기는 힘들다. 개인적인 견해로는 3번까지 시도해볼 만하다고 생각한다. 5번 이상 떨어지면 방향을 바꾸는 것이 바람직하다. 최선을 다했는데도 떨어졌다면 그 시험은 자기하고 맞지 않을 가능성이 크다.

무모한 열정으로 힘을 쓰다 보면 소중한 젊음이 후딱 지나가 버린다. 20대 중반에 도전하여 5년을 준비하면 30대가 된다. 그러면 20대 후반이 날아간다. 예전의 사법시험 제도는 응시 횟수에 제한이 없었다. 그러다 보니 나이 50이 되도록 고시만 준비한 사람도 있었다. 수십 년 동안 부모, 형제자매, 친척들의 도움으로 공부해 왔다고 한다.

이 사람과 이야기해보니 말이 통하지 않을 만큼 고집이 세고 고지식하다고 느껴졌다. 가족들이 월급을 주는 고시생이라는 직업을 가진 셈이다. 아침에 고시원으로 출근하고 저녁에 퇴근한다. 세상과 단절한 채 주변의 기다림과 희생을 담보로 하는 시험이니만큼 수험 기간의 한계를 정하고 그만둘 때를 아는 것 또한 중요하다.

VII

당신이,
당신의 자녀가
법조인
지망자라면

전문 영역을 개척하라

로스쿨 제도 도입 이후 많은 변호사가 사회의 여러 분야에 진출하고 있다. 법률시장에 법조인의 공급이 많아지다 보니 자연히 경쟁이 치열해질 수밖에 없다. 이처럼 치열한 법조시장에서 살아남기 위해서는 어떤 전략을 가져야 할까? 자신만의 전문 영역 확보가 그 답이라고 생각한다. 나는 법조계 입문 이전에 조세 실무 업계에 상당 기간 종사하였기 때문에 다른 법조인들보다 쉽게 조세 전문 변호사로 활동하게 되었다.

차별화되지 않은 민사나 형사 소송은 대부분의 변호사가 할 수 있다 보니 경쟁이 치열하고, 보수 측면에서도 많이 낮아지고 있어 사무실 유지 비용을 대기에도 벅차다고 한다. 일부 전관 출신의 변호사가 아니라면 보수를 많이 받기도 어렵다. 반면에 전문 영역을 확보하고 있다면 경쟁에서 벗어나 성과보수를 많이 받을 수 있다. 또한, 번거로운 일들을 줄일 수 있어서 고유 업무에 집중할 수 있다.

지인들이나 친척들에게서 소송 관련 문제로 연락이 오는 경우가 종종 있다. 일반적인 민사·형사 사건이 대부분이다. 인지상정상 거절하기 힘든 경우가 많다. 나의 경우는 그 사건의 쟁점에 대한 법률적 견해를 설명해 주기는 하되, 조세 분야만 취급하고 있어 민·형사 사건에 대해서는 그 분야에 나름대로 전문인 변호사를 소개하거나 알아보라고 안내해 준다.

이처럼 자기만의 전문 영역을 가지게 되면 그 분야에만 집중할 수 있어 이점이 많다. 음식점을 예로 들면, 푸드코트 식으로 온갖 메뉴를 다 해주는 곳보다는 한두 가지 메뉴로만 승부하는 전문 식당이 인기인 이유도 마찬가지다.

사람들이 많이 찾아가고 줄까지 서서 먹는 음식점들은 대부분 메뉴가 단순하다. 설렁탕, 곱창 등 한 가지 메뉴이거나 관련된 몇 개의 메뉴들만 있을 뿐이다. 회전이 빨라 신선하고 믿을 수 있다는 느낌을 준다. 이처럼 전문 영역을 확보할 때 따라오는 이점들은 많다.

유망 전문 영역

    대학을 갓 졸업하고 로스쿨에 진학하였거나 앞으로 법조인이 되려는 학생들은 어떤 전문 영역에 관심을 가지면 좋을까? 조세 분야도 괜찮다. 그러기 위해서는 관련 자격증 취득이 필요하다. 취득이 어렵지만, 자격증이 필요한 업무는 실무 능력과 별개로 자격증 그 자체만으로 진입장벽을 넘을 수 있는 좋은 무기가 된다.

    내 전망으로는 스포츠 에이전트 전문 변호사가 유망하다고 생각한다. 프로야구, 프로축구, 프로농구 등 국내 스포츠 시장의 규모는 작지 않다. 많은 선수가 해외 진출을 하면서 해외로도 그 시장이 확대되고 있다.

    개인적으로 종합격투기를 좋아해서 UFC와 관련된 방송을 자주 보고 관련 기사들이 나오면 챙겨보곤 한다. 여자격투기의 송가연 선수가 전 소속구단인 로드 FC 측과 맺은 전속계약의 해지소송이 언론에 보도된 적이 있다. 스포츠 분야에서 법률적 필요성이 점차 대두되고 있다. 한류 붐으로 엄청나게 커진 엔터테인먼트 영역에서도 법률 시장의 성장 가능성이 충분하다고 본다. 이런 분야들에 개인적인 흥미와 관심이 있다면 그것을 전문 영역으로 삼아도 좋을 듯하다.

평소 관심이 있는 영역과 관련된 기사 등에 관심을 기울이고 모임, 학회 등을 열심히 참석하며, 주로 논의되는 주제에 대해 생각해 보고 발표하는 노력을 기울이다 보면, 그런 분야의 소송을 접할 가능성도 높아진다. 그런 경험을 통해 자연스럽게 그 분야를 자신의 전문 분야로 만들 수 있을 것이다.

전문 영역에서의 비전

변호사 수가 2만 명이 넘는 시대에 돌입했고, 매년 1,600명의 신입 변호사들이 배출되고 있다. 과거 전체 변호사가 몇천 명 정도일 때는 변호사만 되면 부자가 될 수 있었다. 수요에 비해서 공급이 적어 희소가치가 있다 보니 대부분 잘 먹고 잘 살았다. 변호사 자격증이 성공의 보증수표인 시절이었다. 남자든 여자든 변호사가 되면 배우자들이 지참금을 챙겨오는 것을 당연하게 여기는 사회 분위기였다.

하지만 지금은 생계유지조차 어려운 변호사들이 수두룩하다. 변호사 수임료 단가가 점차 낮아지고 있고 일반 민사와 형사소송 분야는 정말 경쟁이 치열하다. 폭행 전문 변호사를 검색하면 수많은 광고성 글들이 올라온다. 전문 분야를 가진 변호사만이 살아남는 시대가 된 것이다. 조세, 특허, 의료, 건설, 교통사고 등 자기만의 특화된 분야가 있어야만 치열한 경쟁에서 벗어날 수 있다.

대형 로펌(김앤장, 태평양, 화우, 율촌)이 접근하지 않는 블루오션이 존재하고, 그 시장을 선점할 경우 변호사로서 안정적인 영역을 구축할 수 있다. 내가 특화한 조세 분야가 바로 그러한 전문 영역이다.

세금은 기본 중의 기본

법조인임에도 자신의 세금 문제를 제대로 파악하지 못해 곤란을 겪는 이들이 많다. 법조인이라면 자신의 세금 정도는 스스로 계산할 수 있어야 하나 그 정도는 아니더라도 세법 구조가 어떠한지는 대략적으로 알아야 한다. 상속 등의 문제도 이면을 따져 보면 결국 세금 문제로 귀결되는 경우가 많다. 상속세의 최고 세율은 50%다. 유언장을 어떻게 작성할 것인가, 누구에게 얼마나 줄 것인가에 앞서 상속세가 얼마나 나올지부터 파악하는 것이 중요하다. 상속 관련 법률 상담에서 상속세를 부연하여 설명해 주면 의뢰인들은 더욱 신뢰를 한다.

즉, 이런 경우에는 1억 원의 세금을 내야 하나, 저런 경우에는 2천만 원만 낼 수 있다고 하면 사람들은 몸을 숙이고 귀를 쫑긋이 세운다. "누구도 피할 수 없는 것은 죽음과 세금뿐이다". 미국 건국의 아버지 벤저민 프랭클린의 말이다. 소득이 있는 곳에는 세금이 있고 죽음만큼이나 세금을 피할 수 없음을 표현한 말이다.

조세는 생활과 밀접한 관련이 있어 굳이 전문으로 하지 않더라도 변호사라면 기본적으로 알아야 하는 분야라고 생각한다. "조세 없는 거래는 없다"라고 할 정도로 모든 생활과 거래에는 반드시 세금이 따른다. 이처럼 어떤 분야에서도 세금 문제는 필연적으로 따라다닐 수밖에 없다. 평소 세금에 대한 기본기를 닦아 놓아야 필요할 때 빛을 볼 것이다.

언제, 어떻게 준비할 것인가?

다른 모든 분야와 마찬가지로 전문 영역으로의 진출은 빠르면 빠를수록 좋다. 하지만 현실적으로는 다소 여유가 있는 대학생 때부터 시작할 것을 권유한다. 고등학생 때까지는 입시를 준비하느라 쉽지 않을 것이다. 관련 자격증이 필요하다면 대학 재학 중에 자격증을 취득하는 것이 좋다.

어떤 분야든 그 영역에서 쓰이는 '용어'에 먼저 익숙해져야 한다. 그러기 위해서 관심 분야의 학회나 모임에 참석하고, 관련 분야에서 일어나는 실제 일들을 경험해 보는 것이 중요하다. 관심 분야와 관련된 전문 로펌이 있는지 미리 확인해보는 것도 좋다. 만약 전문 로펌이 있다면 어떤 스펙과 경험의 변호사를 선호하는지 파악하라. 그런 방향으로 경험하고 그 체험 사실들을 모두 증거자료로 잘 수집해 놓는 것이 좋다.

로펌의 대표로서 변호사를 채용할 때 전문 분야에서 쓰는 용어를 얼마큼 이해하는지 알고 싶어 한다. 조세 분야를 예로 들면 원천 징수가 어떤 뜻인지, 사업자 등록이 어떤 의미인지를 이해하기 쉽게 설명할 수 있는지 확인한다. 실제 현장 경력도 중요하지만 그 분야 의 기본 용어들을 얼마나 이해하고 있고 쉽게 설명할 수 있느냐가 취업 당락의 관건이 되기도 하다.

조세 분야 박사이며 화려한 경력을 가진 변호사임에도 불구하고, 기초적인 용어에 대해 간략하고 명확하게 설명하지 못한다면 의뢰 인은 사건을 맡기는 것에 대해 주저할 것이다. 관심분야를 꾸준히 연구하다 보면 그 업계에서 사용하는 용어에 익숙해질 것이다. 그러 한 경험과 지식이 로펌에 취직할 때뿐만 아니라 의뢰인과의 면담에 서도 신뢰를 줄 수 있고 계약으로 이어질 가능성도 크다.

일상생활에서도 관심 영역에 대한 지식을 쌓을 수 있다. 야구를 좋아하고 그 방면의 진출을 염두에 두고 있다면 야구 중계방송을 많이 보게 될 것이다. 법률적 관점으로 보다 보면 더불어 많은 궁금 증이 생긴다. 류현진 선수가 등판하는 경기를 보면서 '류현진 선수 가 메이저리그 구단으로 받는 월급에 대해 한국 국세청에서 관여할 수 있을까?', '류현진 선수가 한국에서 라면 광고 CF에 출연하고 받 은 돈은 어느 나라의 소득으로 잡힐까?', '세금은 어떤 방식으로 낼 까?'라는 생각을 한 적이 있다.

이런 일이 발생할 때 어떻게 대처할 수 있을지, 구체적인 케이스로 접근하면 훨씬 깊고 분명하게 법률적 지식을 얻을 수 있다. 자신만의 전문 영역이 없다면 로펌에 들어가 자신에게 처음 맡겨진 사건들과 비슷한 유형의 사건들만 계속 맡게 될 가능성이 크다. 만약에 그 사건 분야가 나하고 잘 맞고 전망도 나쁘지 않다면 괜찮지만 그럴 가능성은 별로 없다. 그렇게 시간이 흐르다 보면 10년이 지나도 차별화되지 않는 그저 그런 변호사로 남을 것이다. 뜻이 있다면 언젠가는 기회가 온다. 그러나 미리 준비하고 있어야 그 기회를 잡을 수 있음을 명심하자.

어떤 경우에도 침착하라

로스쿨 시험이 끝나고 합격자 발표 전까지 남산도서관으로 출근했다. 그곳은 나 같은 백수들이 지내기 좋은 곳이다. 무엇보다 구내식당의 밥값이 저렴했고, 책 좀 보다가 점심 먹고 남산 둘레길을 돌다 보면 시간이 잘 갔다. 합격자 발표날도 남산도서관에 있었다. 발표날은 결과를 확인하려는 수험생과 수험생의 가족들이 순간 폭주하여 홈페이지 접속이 원활하지 않다. 여러 번 접속 시도를 하다 성공하여 주민등록번호를 입력했는데 명단에 존재하지 않는다는 메시지가 나왔다. 절망적이었다.

허망한 마음을 가눌 길 없어 남산 길을 걷고 있는데 둘레길 한편에 절벽이 눈에 들어왔다. 순간 '뛰어내릴까?'라는 생각을 했다. '그래 뛰어내릴 때 내리더라도 다시 한 번 확인해 보자'라고 생각했다. 담배를 연달아 반 갑 정도 피우며 마음을 진정시킨 후 사이트에 다시 접속하였다. 근데 좀 전에는 올해 합격자 명단이 아닌 작년 합격자 명단에 들어가서 확인했던 것이 아니었던가! 아뿔싸! 만약 떨어졌다면 '불합격'이라고 나와야 하는데 내가 확인했던 것은 '명단에 없다'는 메시지였다.

침착하게 숨을 고르고 다시 확인해보니 '합격'이었다. 만약 다시 확인도 안 해보고 성급하게 남산 절벽에서 뛰어내렸다면 신문에 어느 고시생의 어처구니없는 죽음으로 기사화되지 않았을까? 그때를 생각하면 지금도 등골이 오싹해진다. 가슴이 철렁 내려앉는 상황에서도 서두르지 않고 침착함을 유지해야 함을 몸소 체험할 수 있었다.

인생에 '늦깎이'란 없다

젊어서 공부할 때는 책의 내용이 전부 새로운 것 같았는데, 인생 경험이 쌓인 후 공부하니 책이 세상에 일어나고 있는 일들을 담고 있다는 생각이 들었다. 로스쿨 3년 동안 법을 처음으로 배웠는데 만약 젊었을 때 법을 공부했다면 무척 어려웠을 것 같다는 생각이 들었다.

마흔 넘어서 공부하다 보니 눈이 침침하고 글자가 잘 안 보이는 애로가 있었지만 매우 재미있었다. 책을 보는데 '이것은 이런 내용이구나, 세상의 일을 이렇게 정리해놓았구나' 하는 생각이 들곤 했다. 그동안의 경험을 체계적으로 한 번 정리한다는 생각이 들어서 좋았다. 여건이 된다면 늦깎이로 공부하는 것도 즐겁겠다는 생각이 들었다.

그러나 변호사 시험을 치르는 것은 다시 하고 싶지 않은 경험이다. 그만큼 힘들었다. 군대 생활을 추억으로 떠올리는 남자들이 많겠지만 다시 가라고 하면 대부분 손사래를 치는 것과 유사하다고 나 할까. 변호사 시험은 5일 동안 친다. 이틀 시험 보고 하루 쉰 다음 다시 이틀 동안 시험을 친다. 이틀째부터 체력이 고갈되었으나 긴장하여 밤에 잠을 잘 이룰 수 없을 정도여서 고통스러운 시간을 보냈다.

아침부터 저녁까지 하루 종일 시험을 치니 힘들 수밖에 없다. 미국에서 회계사(AICPA) 시험을 친 적이 있는데 그때는 미국 원주민들이 시험 감독을 했다. 미국의 경우 시험 감독은 직업이 아니라 시민의 자발적 참여(시민의 의무라고 들었다)로 이루어진다. 시험 중간에 쉬고 싶을 때는 쉬도록 배려해 주었다. 우리와는 시험 환경이 너무나 달라 부러웠다. 영어로 시험을 치렀는데도 시간이 남았다. 우리나라의 시험은 치열한 경쟁 속에서 떨어뜨리기 위한 문제 위주로 편성하다 보니까 시간이 부족한 것은 어쩔 수 없더라도 개선할 필요는 있는 듯하다.

시험 3, 4일 차가 되니까 입에서 단내가 났다. 시험 기간이 5일이다 보니 컨디션을 조절하지 못하면 실패할 확률이 높다. 한 번은 해볼 만하지만 두세 번은 못할 정도로 힘들었다. 밤에 잠도 못 자고 시험 자체가 비인간적으로 느껴질 정도였으니 말이다.

앞으로 여유가 된다면 1년 정도 외국에 나가서 조세 공부를 하고 싶다. 늦깎이 공부의 즐거움을 다시 만끽하고 싶다. 그러나 고통스러운 시험은 졸업하고 싶다.

로스쿨 입학 자기소개서

로스쿨 입학할 때 작성했던 자기소개서의 일부를 소개한다. 로스쿨에 제출한 자기소개서는 '1. 지원 동기', '2. 성장 과정 및 성격의 장·단점', '3. 대학 활동', '4. 입학 후의 수학 계획', '5. 관심 분야 및 졸업 후의 활동 계획'의 5개 파트로 되어 있는데, 그중 '2. 성장 과정 및 성격의 장·단점'과 '3. 대학활동' 항목은 앞서 일부 언급되었기에 제외하고 나머지 파트로 구성하였다. 로스쿨을 지원하는 분들에게 도움이 되었으면 한다.

⟨지원 동기⟩

제가 법학전문대학원에 입학하여 법조인이 되고자 한 계기는 세무사로서 실무를 하면서입니다. 특히 의류 판매기업 고객의 세무조사를 입회하게 되면서 법률 공부의 필요성과 세무사로서의 한계를 절감하였습니다. 제가 의뢰받은 기업은 거래처의 탈세 제보로 인해 국세청의 세무조사가 시작된 경우였습니다.

탈세 제보서상에 기재된 금융계좌번호에 대한 금융추적조사 위주로 이루어지는 국세청의 전방위적인 세무조사로 인해 의뢰인은 그야말로 정신적인 공황상태였습니다. 저는 세무조사관의 조사에 일일이 응대하면서 세금 탈루 사실이 확인된 부분에 대해 면밀히 검토하는 등 최선을 다하였으나, 결국 국세청은 의뢰인을 「조세범처벌법」에 의한 조세범으로 검찰에 고발하였습니다.

저는 담당 세무조사관에게 의뢰인의 세금 탈루가 의도적인 조세포탈 행위가 아님을 주장하였으나, 세무조사관은 국세청 내부의 사무처리규정상 세금 탈루 금액이 일정 금액 이상이면 조세범으로 통보해야 한다는 말만 되풀이하는 것이었습니다. 저는 「조세범처벌법」의 어디에도 그러한 규정이 없다고 항변하였으나 무시되고 말았습니다.

의뢰인은 검찰에 고발되었고, 저는 변호사를 수소문하였으나 조세를 전문으로 하는 변호사를 찾는 것 또한 쉽지 않았습니다. 의뢰인이 직접 검사 출신 변호사, 즉 전관예우 변호사를 선임할 수밖에 없는 현실을 접하면서 세무사로서 업무의 한계를 절감하였습니다.

저는 이런 경험을 통해 세법만 알고 실무를 하는 것은 마치 숲을 보지 못하고 나무만 보는 것과 같다는 것을 깨닫고, 법에 대한 폭넓은 공부의 필요성을 느꼈습니다. 이러한 저의 생각은 조세법 석사 과정에서 만난 판사, 검사, 변호사들과 토론하고 공부하면서 더욱 굳어 졌습니다. 제가 만난 판사 등은 기업체의 자문에 제대로 응할 수 있는 조세 전문 변호사가 턱없이 부족하다는 공통된 의견을 가지고 있었습니다.

저는 기업에 세금 문제가 반영된 적절한 법률 자문을 할 수 있다면 기업체가 겪어야 할 소송의 많은 부분을 줄일 수 있다고 생각합니다. 송무 중심의 변호사 업무의 다변화에 기여할 수 있을 것입니다.

최근의 미국 사모펀드인 론스타와 국세청 간의 과세공방은 조세조약을 이용한 조세 회피 행위에 대해 시사점을 줍니다. 론스타는 한국과 벨기에의 조세조약을 이용하여 외환은행 주식 매각 시 한국에 세금을 내지 않으려는 전략, 즉 조세조약을 이용하여 한국의 조세권을 무력화시키려는 국제적 금융투자였지만 국세청은 도관회사라는 이유로 과세권을 행사하고 있는 사례입니다.

저는 국내 세무관계뿐만 아니라 이 같은 국가 간 조세문제에 대해서도 꾸준히 관심을 가지고 공부하여 왔습니다. 미국공인회계사 (AICPA) 시험을 통해 미국의 회계기준과 상법, 세법을 공부하였으며, 대학원에서는 국제조세를 전공하여 OECD와 UN의 최근 이슈인 '고정사업장'과 관련한 주제로 논문을 작성하였습니다.

저는 국제조세 문제를 심층적으로 이해하기 위해 필요한 국제법, 국제거래법, 국제투자법과 같은 국제법무 과목을 이수하여 조세 전문 변호사로 활동하고 싶습니다. 이러한 저의 목표를 실현하기 위해서 ○○대학교 법학전문대학원에 입학하기를 간절히 원합니다.

〈입학 후의 수학 계획〉

제게 3년의 수학 기간이 주어진다면 '선택과 집중'의 숨 가쁜 시간들이 될 것입니다. 3년이란 시간은 결코 길지 않기에 폭넓은 경험보다는 전문 변호사로서 갖추어야 할 법학 이론과 실무 능력의 향상을 위해 집중하여 매진할 것입니다.

1학년 때에는 제가 세법 실무를 하면서 발견한 많은 차용 개념과 원리의 근거가 되었던 민법, 형법, 공법 등의 법률 기본 과목의 공부에 매진할 것입니다. 법률 공부에 있어 기본 이론의 중요성은 다시 강조할 필요할 없을 정도로 크다고 생각합니다. 법률 기본 과목에 대해 탄탄한 이론적 바탕을 갖춘다면 평소 궁금했던 세법의 중요 원리나 개념들의 흩어진 고리도 자동적으로 엮어지게 되면서 심화 학습되는 효과도 있을 것입니다.

2학년부터는 민사소송법과 형사소송법 등 본격적인 실무 과목을 공부하면서 국제법 관련 과목에도 집중할 것입니다. AICPA 공부와 석사 논문을 쓰면서 관심을 두었던 영미법과 조세조약에 대해서도 관련 자료를 검토하고 연구를 심화하면서 국제법학회에도 활발히 참가하고자 합니다. 2학년 방학은 매우 중요한 기간으로 두 가지에 중점을 두어 활용할 것입니다.

첫 번째는 인턴십입니다. 국제 거래와 투자가 실제 진행되고 있는 국제자유도시개발센터나 자유도시개발공사와 같은 기관에서 국제거래·투자와 관련된 국제조세의 문제는 어떻게 처리되고 있는지를 직접 확인하면서 실무에서 현장감을 익히는 것입니다. 두 번째는 세법과 관련된 국내외의 판례, 중요 이슈 등을 정리하여 실무에서 직접활용이 가능할 정도로 자료화하는 작업입니다.

교수님의 도움을 받아 판례의 문제점 등도 검토할 수 있다면 금상첨화일 것입니다. 이러한 연구의 결과는 대학원 간행물에 실어 전국의 법학전문대학원과 공유할 것입니다.

마지막 3학년은 그동안 공부해 왔던 법률의 이론과 실무 과목에 대해 심도 있는 학습을 하면서 변호사 시험에 대비하여 전력을 나해 공부할 것입니다. 졸업 후 실제로 근무할 조세 분야에 특화된 법무법인에서 인턴십을 받으면서 부족한 부분과 보완할 부분을 확인하고 대비할 것입니다.

이처럼 저는 저에게 주어진 3년을 알차고 값지게 보내어 법률 이론과 실무 능력에 조세라는 강력한 무기를 지닌 전문 변호사로서 거듭날 것입니다. 조세조약을 이용하여 한국의 과세권을 무력화시킨 론스타와 같은 국제 투기금융 사건에 직접 참여하여 국익을 위한 판결이 되도록 기여하고 싶습니다.

〈관심 분야 및 졸업 후의 활동 계획〉

[관심 분야]

저는 국내의 기업체 및 개인에게 발생하는 조세 문제뿐만 아니라 국제 간 거래 시 발생하는 조세 문제를 전문 분야로 하는 변호사가 되고자 합니다. 특히 국제 간 거래의 특수성을 이해하기 위해서는 국제법, 국제통상법 등 국제법무와 관련된 과목에 대한 깊은 공부가 필수적이라고 봅니다. AICPA 자격 취득을 위해 미국 세법 등을 공부한 경험과 국제조세를 전공한 석사 과정은 국제법무 과목을 이수하는 데 큰 도움이 될 것이라 믿습니다.

최근 유럽연합과의 FTA 체결 등에서 보듯이 앞으로도 국가 간 무역장벽이 더욱 낮아지고 세계화가 가속화될 것입니다. 국가 간 조약의 허점을 이용한 국제투기 거래에 적절하게 대응하지 못할 경우 제

2의 론스타와 같은 사례로 인해 국가의 부가 국외로 유출될 것이며, 이러한 국가 간 분쟁에 참여하여 국익에 기여할 수 있다면 ○○대학교 법학전문대학원이 원하는 지역발전을 위한 인재상의 한 모습으로 큰 의미가 있을 것입니다.

[졸업 후 활동 계획]

저는 단기적으로(졸업 후 5년까지) 조세 분야에 특화된 로펌에 입사하여 다양한 국내외 거래의 조세와 관련된 법률문제에 대해 조세 전문 변호사로서 활동할 것입니다. 로펌에 따라 차이가 있지만 미국 등 외국 로스쿨의 LLM 과정에서 공부하는 것을 지원하거나 개인적인 여건이 된다면 2년 정도 국제적인 안목을 넓히는 시간을 갖고 싶습니다.

중기적 계획(졸업 후 5년~10년 사이)은 국세청에서 시행하는 개방형 직위 공모의 납세자보호관이나 법무과장에 지원하여 국가기관 내에서 직접 납세자의 권익을 침해하는 여러 가지 규정을 개정하기 위해 노력하고 기업의 세금과 관련된 애로사항을 반영하는 역할을 하는 것입니다.

장기적으로는(졸업 후 10년 이후) 로펌과 국세청에서 다양한 경험을 쌓으면서 평소 법의 근본적 원리에 대한 연구를 깊이 하여 헌법재판

소의 헌법연구관으로 근무하고 싶습니다. 조세문제와 관련하여 최근의 종합부동산세 위헌판결과 같은 심사 과정에 참여하여 납세자의 권익 보호에 기여하겠습니다.

VIII

삶을
살아가는
지혜

마음을 다스리는 방법

변호사 개업 초기에는 소송을 맡으면 의뢰인처럼 생각하고 행동했다. 의뢰인이 당한 부당하고 억울한 이야기를 들으면 마치 내가 당한 것처럼 화를 내기도 했다. 지나치게 감정이입을 한 탓에 전력을 기울였음에도 소송에서 패소하여 멘붕에 빠졌던 경험들이 있다.

마음이 아프고 의뢰인 보기에도 민망했다. 지금 돌이켜보면 감정적으로 열정만 있었지 숲은 보지 못하고 나무만 본 격이다. 이 일이 나에게 맞나 하는 회의감까지 밀려왔다. 어느 날 시무룩한 내 모습을 보고 '무슨 일이 있느냐'며 대학교 선배가 물어왔다. '온 정성을 다 쏟아부은 사건에서 패소했다'고 참담한 내 심정을 호소했다.

그때 선배가 질문했다. "만약 소송에서 이겼다면 그 원인이 무엇일까?" 나는 "당연히 내가 잘해서 이긴 것 아니냐"고 대답했다. 그때 선배가 던진 한마디는 "네가 소송에서 이긴 것은 상대방이 못했거나 아마도 운이 좋았을 뿐이라고 생각해라. 그러면 반대로 네가 소송에서 졌다 해도 상대방이 잘했거나 운이 나빴을 뿐일 테고, 그렇게 생각하면 마음이 편안해질 거야"였다. 그날 밤 선배의 말을 곰곰이 생각해 보느라 잠을 설쳤다.

변호사를 하다 보면 소송에서 이기고 지는 일이 계속 반복된다. 잘 준비해도 상대가 김앤장 같은 대형 로펌이라면 질 가능성이 커진다. 선배의 조언대로 "내가 운이 나빴구나"라고 생각하니, 왠지 마음이 편해지고 업무에도 빨리 복귀할 수 있었다. 그날 이후부터는 소송 결과에 크게 얽매이지 않을 수 있었다.

특히 승소했을 때 자만하려는 마음을 다잡는 데 큰 도움이 되었다. 물론 소송에서 졌을 때는 그 원인을 분석하고, 부족한 점을 찾아내어 다시는 실수하지 않도록 다짐해야 한다. 골프 대회는 대부분 4일간 지속된다. 초반부 몇 개의 샷에 연연하면 평정심을 잃게 된다. 잘 안 된다고 낙심할 필요도 없고 몇 개의 샷이 환상적이었다고 흥분하는 것 역시 금물이다.

최선을 다했고 후회가 없다면 그냥 결과를 담담히 받아들이면 된다. 승소했을 때는 자만심을 경계하고, 패소했을 때는 자신감을 잃지 말라. 의뢰인과 감정적 동화가 되어야 한다는 의견도 있는데, 그런 스타일은 내게 맞지 않는 것 같다. "사건은 수임하되 의뢰인의 고통은 수임하지 마라"는 말이 일리가 있다고 생각한다. 의뢰인에게 동화되어 매번 고통을 떠안는다면 이 일을 지속하기 어려울 것이다. 자신에게 맞는 마음 다스리는 법을 마련해 두기 바란다.

마음을 비워라

나의 경험으로는 자녀, 부모, 친구 관계 등 대부분의 인간관계에서 마음을 비우는 것이 오히려 좋은 결과를 가져오는 것 같다. 목적을 가지고 만나게 되면 관계가 피곤해진다. 일도 마찬가지인 것 같다. 국세청을 상대하는 소송의 1심에서 크게 진 적이 있다.

2년을 끌어온 소송이었고, 나름 법리적인 부분에서 자신감이 있었는데 1심 재판장이 소송 초기부터 우리 측에 불리한 말들을 계속하더니, 결국에는 패소하고 말았다. 항소하였다. 2심에서도 열심히 주장을 전개했다. 하지만 1심 때와 다른 점이 있었다면 마음을 비우고 재판에 임했다는 점이다. 승패를 떠나 내가 주장하는 부분을 잘 판단해 달라고 강조했다. 결국 2심에서 승소하였다.

또 한번은 변호사 개업 초기에 대법원 상고사건을 수임했던 적이 있다. 1심과 2심 모두 중형 로펌에서 패소한 사건이었는데, 내가 3심을 맡게 된 것이다. 의뢰인은 거의 포기한 상태였고, 나 역시도 처음

대법원 사건을 맡게 된 거라 경험 차원에서 한번 해보자는 심정이었다. 개업 초창기라 시간도 많아 밑져야 본전이라는 생각으로 편안하게 소송을 준비하였다.

사건 내용을 꼼꼼히 여러 번 검토해서 읽어보니 가능성이 보였다. 상고이유서를 쓰면서, 그동안 조세 관련 업무를 하면서 느꼈던 실무적인 내용과 법리를 정리해 나가다 보니 나름대로 확신을 갖게 되었다. 그러나 초짜 변호사가 대법원 사건에서 '파기환송'을 받아낸다는 것은 이례적인 일이었고, 주위의 변호사 선배들은 물론 나 역시도 불가능하다고 생각하였다.

드디어 대법원 판결 선고일. 대법정도 구경할 겸 다른 일정이 없어 대법원을 직접 방문하였다. 대법원 건물 규모가 상당했다. 대법원은 밥도 맛있다고 하여 구내식당에서 점심을 먹었다. 시간이 남아 도서관도 구경하였다. 대법관 4명이 수십 건의 조세사건에 대해 선고를 내렸다. 앞서 몇십 건은 대부분 상고 기각. 드디어 내가 담당한 사건 차례였다.

당연히 상고기각일 줄 알았는데 나의 사건번호를 부르더니 다른 사건과 달리 "이 사건은"이라고 시작하였다. '뭐지?' 하는 순간 주심 대법관의 입에서 "파기 환송한다"라는 말이 나왔고, 그 순간 온몸에 전율이 오면서 너무 기뻐서 소리를 지를 뻔했다. 법정을 나온 후 대법원에서 보내온 판결문 내용을 확인하고 나서야 승소한 실감이 났다. 마음을 내려놓고, 열심히 최선을 다하면 그에 상응한 결과가 반드시 돌아온다는 것을 경험으로 체득하였다.

반면에 처음부터 이겨야 한다는 부담감을 갖거나, 반드시 이길 것으로 생각하면서 일을 하게 되면 감정 조절이 쉽지 않을 뿐 아니라 안 좋은 결과가 나오면 크게 낙담하게 된다.

세무사 시험 준비할 때 절을 방문한 적이 있는데 그때 '진인사대천명(盡人事待天命)'이란 표구를 구입하여 공부방에 걸어두었다. 합격하고 나서는 공부를 하던 친구에게 그 표구를 줬지만 진인사대천명은 나의 좌우명이 되었다.

마음을 비워야 한다. 최선을 다했다면 후회할 이유가 없다. 최선을 다했는데도 결과가 나쁘다면 받아들이거나 다시 도전하는 선택을 하면 된다. 내가 할 도리, 최선을 다했다면 그다음은 하늘의 몫인 것이다.

결과보다는 과정이 중요하다

　변호사 일은 승패가 명확하게 드러난다. 의뢰인 대부분은 결과가 좋으면 과정은 별로 상관하지 않는 것 같다. 그러나 나는 과정이 중요하다고 생각한다. 그래서 의뢰인과 중간중간 되도록 소통을 많이 하려고 노력한다. 위에서 언급한 국세청과의 1심 소송에서 패소, 2심에서 승소한 사건에서도 그러한 경험을 했다. 1심 소송을 진행하면서 의뢰인과 지속해서 소통했다.

　의뢰인에게 나의 법리 해석의 근거와 대법원 기존 판례와의 연관성 등을 설명하는 등 1심 소송 내내 의뢰인과 대화를 많이 나눴다. 1심에서 패소한 뒤 내가 낙담하고 있을 때, 오히려 의뢰인이 나를 위로하면서 나를 전적으로 믿고 있으니 2심도 맡아서 잘해달라며 끝까지 가보자고 하였다. 의뢰인의 말에 큰 위로를 받았고 그 힘으로 다시 싸울 수 있었다. 그 의뢰인은 소송 과정에서 내가 보여준 성실함을 인정한 것이다.

그러나 의뢰인의 대부분은 과정보다는 결과에 집착한다. 결과 중심의 사회 분위기가 '학연, 지연, 혈연'을 이용하여 힘을 쓰고, 불공정한 방법으로 결과를 뒤바꾸는 등 우리 사회의 병폐를 만드는 원인이라 생각한다.

과정을 중시하게 되면 결과에 대해서는 신경 쓰지 않고 내려놓을 수 있다. 내려놓는다는 것이 관심을 기울이지 않는다는 뜻이 아니다. 과정을 중시하면서 일을 열심히 하다 보면 결과는 그대로 따라온다고 믿는 것이다. 결과만을 중시하면 편법을 쓰게 되고 무리수를 두게 된다. 그렇게 되면 당장은 아니더라도 다음에 반드시 문제가 발생한다. 나는 의뢰인과 자주 소통하는 편이며 소통을 중요시한다. 많은 의뢰인은 결과를 중요시하고, 그러한 고객은 소송 자료를 담은 메일을 보내면 귀찮아한다.

사건은 변호사에게 위임하고 본인은 관여하지 않으려고 한다. 변호사가 다 알아서 처리해 줄 거라 믿는다. 그래서는 좋은 결과를 얻을 수 없다. 나는 사건을 위임받기 전에 의뢰인에게 예상 소송 기간 동안은 나와 한 몸이 되어야 한다고 말씀드린다. 소송이 진행되는 동안 그 과정이 쉽지 않을 것이라고 이야기하면서 의뢰인이 적극적으로 참가하는 경우에만 승소 가능성을 높일 수 있다고 이야기한다.

만약 이에 동의하지 않으면 더 이상 상담을 진행하지 않는다. 이에 동의하는 경우에만 다음 절차를 진행한다. 소송은 살아 있는 생물과도 같다. 어떤 자료가 나올지, 어떤 방향으로 튈지 가늠하기가 어렵다. 정확히 확인하지 않고 의뢰인의 대략적인 검토와 괜찮을 것 같다는 허약한 의견만으로 진행하면 진실과 다른 허공에 떠다니는 주장만 하다 패소할 가능성이 크다. 결과만 중시하다 보면 오히려 결과가 좋아지지 않는다. 바늘 허리에 실을 매어 쓸 수 없는 이치이다.

먼 산길도 한 걸음씩

군대 행군이나 등산할 때 앞사람의 발뒤꿈치를 보라고 한다. 멀리 쳐다보고 가면 힘이 들어 못 가기 때문이다. 하지만 발뒤꿈치만 보고 한 걸음씩 걷다 보면 어느새 목적지에 와 있다. 그 '어느새'란 느낌을 가지면 가는 길이 지루하지가 않다. 젊은 친구들은 멀리 보면서 '아직 저만큼이나 남았네' 한다. 금방 지치는 것이다.

산을 좋아해서 등산을 자주 가다 보니 세대별로 특징이 보인다. 40~50대 아줌마들은 천천히 가지만 쉬지 않는다. 20대는 초반에는 활기차게 속도를 빨리 낸다. 아줌마들을 확 질러 가기도 한다. 하지만 30분 후에 보면 아줌마들이 더 멀리 가 있다. 삶도 마찬가지다. 꾸준히 천천히 가면 원하는 목적지까지 갈 수 있다.

중간에 빨리 가고 싶어서 자기 페이스를 잃고, 달리게 되면 결승점에 도달할 수가 없다. 다른 사람들과 비교하지 말고 나의 길을 천천히 꾸준히 가는 것이 중요하다. 40대 초반에 폐암으로 사망한 회계사가 있었다. 욕심이 많았고 평소 일을 무리하게 처리하는 스타일이었는데, 큰돈을 벌려고 중요한 사실을 숨겼다가 집단소송을 당했다. 그 사람은 30대 때 남들보다 좋은 차, 큰 집을 가지고 있었다. 나에게 자랑도 많이 했다.

그 당시에는 부럽다는 생각이 들기도 했다. 하지만 30대 때 무리해서 움켜쥐었다가 40대 초반에 죽게 된다면 무슨 의미가 있을까? 남과 비교할 필요가 없다. 단지 지금 좀 앞서가는 것뿐이다. 자신이 선택한 나의 길을 가자. 잘되던 세무사업을 접고 변호사의 길을 선택한 후, 말리던 주변의 지인들이 지금은 나를 부러워한다. 타인과 비교하지 말고, 천천히 바로 앞만 보고 걷다 보면 언젠가는 결승점에 다다를 수 있다. 지금 늦었다고 해서 흔들릴 필요가 전혀 없다. 자기만의 페이스로 가면 된다.

외형보다는 내실이 중요

골프를 해보라는 권유에 대충 입고, 저렴한 골프채를 가지고 골프장에 갔다. 오래된 골프채를 가지고 치니까 주변에서는 자꾸 골프채를 바꾸라 하고, 골프 옷, 골프화도 좀 챙겨 입고 신으라고 한다. 사람들의 골프 문화가 그렇기 때문이다. 하지만 사실 골프만 잘 치면 되는 것 아닌가? 왜 그런 치장이 필요한가?

주객이 전도됐다. 골프라는 스포츠를 즐기기보다는 외적인 것들이 크게 작용하는 것이 나는 싫다. 외적인 치장보다 골프를 잘 쳐서 실력이 되면 결국엔 사람들에게 더 인정받을 수 있지 않을까? 외적으로 보이는 것이 지나치게 화려하다 보니 골프가 대중적인 스포츠가 되지 못하는 것 같다.

사실 누구나 가서 칠 수 있는데 진입장벽을 높이는 것이다. 일반 차 타면 무시하고, 좋은 차 타면 다시 보는 사회적 분위기처럼 말이다. 등산을 좋아하는 내가 볼 때 사실 대부분의 국내 산에서는 광고에 나오는 그런 등산용품이 필요 없다. 등산로가 잘되어 있어서 등산화 없이 편안한 복장으로도 충분히 등산할 수 있다.

하지만 사람들은 국내 산을 가면서도 히말라야를 등정하는 것처럼 온갖 장비로 중무장하고, 유명 브랜드로 차려입고 나타난다. 대부분의 사람이 그렇다. 나는 외형보다는 내실에 더 큰 의미를 두고 싶다. 늘 실제나 본질에 더 관심이 간다.

IX

약자를
위해
변론하다

근로자를 위한 변론

임금이나 퇴직금 관련 소송은 근로자들이 회사를 상대로 하는 것이기에 대부분 상황이 열악하다. 필자가 수임한 사건도 상대 변호사가 국내 4대 로펌 중 하나였다. 일개 초짜 변호사인 나에게는 다윗과 골리앗의 싸움이었다. 나 역시 위축되는 마음이 생겼다. 하지만 중요한 것은 내가 밝히려는 진실이 존재한다는 것과 끝까지 진실을 밝혀내려는 노력이라고 생각했다.

상대 변호사는 재판을 이기기 위해 온갖 소송 전략을 쓰고, 재판부도 처음에는 큰 로펌의 이야기에 귀를 기울이는 듯 보였다. 이런 상황에서 내가 할 수 있는 것은 재판부에 진실한 사실을 보여야겠다는 일념으로 매번 정성을 다해 서면을 써서 제출하는 것뿐이었다. 상대편에서는 진실을 가리는 증거를 제출했고, 우리는 묵묵히 진실을 주장했다.

1심에서 이기고 2심도 이겼다. 힘의 크기가 통한다 해도 진심과

정성이 있다면 재판부도 결국은 알아봐 줄 거라는 믿음이 맞았다. 그러나 이러한 소액소송을 하기 위해 변호사를 선임하는 것은 쉽지 않다. 체불임금 1천만 원을 받기 위한 소송에 변호사 비용만으로 3백~5백만 원을 써야 하는 구조이기 때문이다. 소송을 할 처지가 안되는 사람들은 갈 곳이 없다. 무료 변론을 맡으면 시작할 때도 거의 받지 않고, 끝나면 "알아서 주십시오"라고 한다. '무료 변론인데 제대로 하겠어?', 처음에는 별 기대감 없이 의뢰했던 사람들도 나의 진심과 열심히 하는 모습을 지켜보면서, 상황이 불리해서 패소할 것처럼 전개돼도 오히려 내게 힘을 주고 감사해한다.

소송에서 이기면 성공보수금 7%를 받기로 했다. 1천만 원을 받게 되면 70만 원을 수임료로 받는 것이다. 거의 무료나 다름없는 상황임을 알고는 오히려 "왜 이렇게 적게 받느냐, 나중에 더 챙겨주겠다"고 하신다. 통화 속의 목소리에는 진짜 고마움이 가득 묻어 있다. 이럴 때 진짜 보람이 있다. 그 느낌은 돈으로 바꿀 수 없다.

하숙집 아주머니를 위한 변론

세무사 공부할 때 있었던 하숙집 아주머니로부터 작년에 연락이 왔다. 권리금 8천만 원을 주고 고시원 운영을 시작했는데, 고시원 영업이 잘되자 집주인이 권리금도 없이 강제로 나가라고 한다는 것이다. 집 주인의 강요로 임대차계약서 특약 사항에 '권리금 없이 무조건 나간다'라는 조항에 도장을 찍은 게 화근이었다. 변호사를 써서 내쫓으려고 변호사 명의의 내용증명이 날아왔고 곧이어 명도소송 소장이 도착했다.

이 아주머니는 이대로 쫓겨나면 아무것도 할 수가 없다. 다른 장사라도 해야 하는데, 초기 투자 비용으로 써야 할 권리금을 안 주는 것이다. 일단 내가 소송을 진행하기로 했다, 물론 무료였다. 소송 위임장을 접수하고 상가임대차 관련 법령과 판례를 검색하면서 해결책을 찾아보기로 했다. 소송 중에는 고시원 영업이 가능했으므로 적극적으로 대응을 하였다. 그러나 1심에서 졌다. 무조건 나가겠다는 특약사항이 우선이기에 권리금을 받지 못하고 나가라는 판결이 났다.

2015년 용산재개발사업 당시 용산 상인들이 투신자살한 이후에 「상가건물임대차보호법」이 개정되면서 권리금 보호 조항이 생겼다. 그 점을 주장하며, 권리금에 대한 감정신청을 하면서 손해배상 청구의 반소를 제기하는 등 임차인의 권리를 주장했으나 패소하였고, 항소하여 2심에서는 곧바로 조정에 회부되었음에도 조정이 이루어지지 않아 결국 패소하고 대법원에서도 같은 결과였다.

고시원의 권리금은 아주머니가 새롭게 뭔가를 시작하여 살아가실 수 있는 생존자금이었다. 수임료를 안 받겠다고 하니, 건강식품을 달여서 보내오셨다. 가진 것 없는 사람들이 정당한 법적 권리를 행사하기 위해서는 변호사의 손이 가야 하는 부분들이 많다. 변호사는 많이 배출되나 아직도 서민들에게는 높은 벽으로 여겨지는 것 같아 안타깝다.

민사 소액 사건 지원 변론

　서울지방변호사회 민사 소액 사건 대리인단으로 활동하고 있다. 여러 가지 사건들이 들어온다. 이번 경우는 대형 중고차 판매상들의 갑질이다. 직원이 침수된 적이 없는 새 차라고 하면서, 침수 이력은 실제 침수가 아닌 서류상으로만 기재된 것이라고 거짓말을 했다. 소비자는 그럴듯한 외관에 직원의 말만 믿고 선뜻 4천만 원을 주고 중고차를 구입했다.

　하지만 내비게이션 이력을 조회해 보니, 2016년 태풍 차바가 왔을 때 울산에서 침수되었던 차량이었다. 외관만 수리해서 중고시장에 나온 것이다. 침수되면 기본적으로 부품들이 녹슨다. 집에 와서 뜯어 보니 역시나 녹이 그대로 남아 있었다. 다음 날 바로 환불을 요구했다. 하지만 중고차 판매상은 일단 한 번 넘어갔다 오면 700만 원을 공제한 후에야 환불해줄 수 있다고 했다. 그것마저 계속 문제삼으면 나머지 돈도 못 준다고 협박하자 두려움에 계좌를 알려줬고, 3,300만 원만 받았다. 억울한 일이다. 그렇다고 변호사를 찾아가면

700만 원 받으려고 수임료로 최소 300만 원 이상을 내야 한다.

　사실 변호사 수임 문턱이 굉장히 높고 갈 데가 없다. 어찌 보면 하나마나 한 소송이다. 이기는 것도 불투명하고 그나마 돈 없는 사람은 소송하지 말라는 식이다. 의뢰인은 인터넷을 검색하다 수임료 40~50만 원만 내면 소송을 지원하는 제도가 있다는 것을 알게 되어 지푸라기라도 잡는 심정으로 서울지방변호사회를 찾아온 것이다. 마음속으로는 40~50만 원 받고 대충대충 해줄 거라고 생각하는 것 같았다. 별 기대감이 없는 모습이 역력했다. 크든 작든 모든 일은 정성을 쏟아야 한다. 아무리 작은 일이라 해도 안 하면 안 했지 대충할 수는 없다고 생각한다.

　내게 소송은 50만 원을 받으나 100만 원을 받으나 1,000만 원을 받으나 모두 똑같다. 같은 시스템으로 처리하기 때문이다. 이번 소송이 오히려 법리적으로는 더 복잡했다. 매매계약 해지부터 반환까지 증거와 함께 법리를 구성해야 했다. 간단하지가 않았다. 증거도 확보하고 정리해야 한다. 며칠간 끙끙대며 정리해서 쓴 소장을 의뢰인에게 보여주고, 법원에 접수했다. 법원에서는 중고차 판매상 쪽에 이행결정문을 보냈으나 이의신청을 하여 본안소송을 진행하고 있다. 이런 사건의 의뢰인들은 진심으로 고마워한다. 너무나 고마워하는 그 마음이 느껴지면 나도 보람이 크다.

누군가의 인생 고민을, 억울함을 해결해주는 일, 돈으로 바꿀 수 없는 뿌듯함이 있다. 한편으로 법의 사각지대에 있는 사람들을 위해 전문가 집단의 활동이 꼭 필요하다는 생각이 든다. 나는 활동가는 아니지만 도움의 손이 절실하게 필요한 사람들에게 희망을 주는 변호사로 살고자 한다.

X

더 나은
사회를
위하여

공정한 사회로의 진일보를 희망하다

세무사로 활동할 때 요건에 맞춰 빈틈없이 서류를 제출해도 처리가 안 되는 경우가 있었다. 그런데 담당 공무원을 잘 알고 있는 지인에게 부탁하면 바로바로 처리가 되는 것이다. 이런 경우들이 너무 많다. 당연히 처리되어야 하는 일이 원칙대로, 순서대로 처리되지 않고, 학연이나 지연에 따라 처리되는 이른바 '우리가 남이가' 같은 끼리끼리 문화가 만연해 있었고, 이것이 바로 청산되어야 할 적폐 중의 적폐다.

담당 공무원을 만나 밥 먹고, 술 마시고, 접대하고… 담당자가 바뀌면 이것이 또다시 반복된다. 이런 관행은 사회적인 효율성을 떨어뜨릴 뿐 아니라 부정부패의 온상이 된다. 일을 얼마나 성실하게 잘하는지가 기준이 되어야지 누구를 얼마나 잘 아느냐가 절대기준이 되어서는 곤란하다.

반드시 바꿔야 한다! 공무원, 검사, 판사와 연줄이 없는 사람들이 살기 힘든 환경은 고쳐져야 한다. 이런 문화가 없어져야 공정한 사회로 진일보할 수 있다.

애매하면 납세자의 이익으로

세무 업무를 하면서 느낀 실무상의 문제점에 대해 말하고 싶다. 형사법의 기본 이념에는 '의심스러우면 피고인의 이익으로'라는 대원칙이 있다. 쉽게 말하면, 범죄를 입증할 정확한 증거가 없으면 피고인에게 유리하게 해석하라는 뜻으로 국민에게 불이익한 형벌을 부과하는 것은 명확한 증거에 의하여야 한다는 것이다.

조세도 국민의 기본권인 재산권을 제한한다는 면에서 형사법과 유사한 측면이 있다. 그런데 과세실무를 보면 과세관청과 납세자 사이에 다툼이 있어 과세 여부가 애매한 상황임에도 일방적으로 세금을 징수하는 사례를 자주 본다. 일단 세금부터 징수하고 보자는 식인데, 이렇게 부당하게 세금을 징수하면 그 세금을 취소하기까지 국민이 겪는 고충은 너무나 크고, 이에 수반되는 비용도 만만치 않다.

예전에는 신체의 자유를 박탈하는 것이 최고의 벌이었지만 지금 자본주의 세상에서는 재산을 뺏기는 것이 더 큰 고통이 될 수 있다.

따라서 국세청은 과세가 애매하거나 의심스러운 상황이라면 적극적으로 납세자의 입장을 반영하는 쪽으로 과세실무 관행을 정착하기 바란다. 그래야만 국민으로부터 신뢰받는 세정으로 거듭날 것이다.

VIP, 갑의 특혜

　최근 대항항공 오너 일가의 갑질이 국민들의 공분을 사고 있다. 출장을 위해 인터넷으로 비행기 표를 예매하려고 하니 매진이었다. 항공사에 전화해도 마찬가지였다. 급한 일이라 여행사에 다니는 지인에게 부탁했다. 자기가 이야기해 놓았으니 다시 전화를 해보라고 해서 전화했더니 표가 있다고 한다.

　온라인, 전화 예약 모두 매진이었는데 어떻게 표를 구할 수 있었는지 물어보니 항공사에서는 VIP들을 위해 항상 몇 장씩 남겨둔다고 한다. 덕분에 출장은 무사히 갔다 왔지만 마음은 편치 않았다. 강원도의 모 교육기관에서 보유하고 있는 콘도에서는 그 기관의 장이 이용할 수 있도록 몇 개의 숙소는 항시 대기로 빼놓았다는 기사를 본 적이 있다.

　또한, 취업생들이 선호하는 모 공기업의 경우 직원의 70~80%를 청탁으로 채용했다고 한다. 이런 것은 빽 없고 돈 없는 사람의 기회와 희망을 앗아가는 '중대 범죄'이다. 이런 불공정 불공평한 사회에서 벗어나야 한다. 갑질에 대한 사회적 비판이 최근 갑자기 논의되기 시작했다. 일견에서는 제도적 변화가 필요하다고 주장하나, 거기에 더하여 사람들의 인식 변화가 우선이다. 높은 자리에 올라서도 겸손함과 친절함을 잃지 않아야 갑질이 줄어들 것이다.

미국에서 치른 공인회계사 시험

국내에서 세무사 시험에 합격하고, 2년이 지난 뒤 괌에서 미국 공인회계사 시험을 보았다. 시험장 분위기가 한국과는 매우 달랐다. 우리나라의 시험장은 긴장 그 자체이다. 경쟁이 치열하기 때문이다. 그러다 보니 짧은 시간에 많은 것들을 테스트한다. 시험 치르는 중간에 화장실을 갔다 온다는 것은 상상할 수도 없다.

그러나 미국의 시험은 떨어뜨리는 것보다는 그 일을 할 수 있는 기본적인 자격과 지식을 갖췄는지를 확인하는 데 중점을 두는 것 같다. 한국보다 충분한 시험 시간을 주며, 시험 중간에 감독관의 동행 아래 화장실을 갔다 올 수도 있다. 남에게 방해가 되지 않으면 잠을 자도 된다.

시험 치는 도중에 요청하면 시험장에서 준비해둔 사탕을 골라 먹을 수도 있다. 촌각을 다투는 한국 시험장 분위기에 익숙한 한국인들은 시험 시간이 시작되기도 전에 필기구를 들고 준비하는 모습을 볼 수 있다. 나 역시 그랬다. 그러면 미국인 감독관이 가까이 와서 영어로 편하게 하라고 격려해주고 미소를 보여준다. 긴장이 풀리고 마음이 편해졌다.

시간도 충분하니 자기가 가진 실력을 충분히 발휘할 수 있다. 영어로 멋진 문장을 구사하지 않아도 핵심적인 키워드들만 기재하면 이해하고 있다고 간주하고 점수를 준다. 한국의 긴장된 시험장 분위기와는 사뭇 달라 너무 놀랐고 한편으로 부러웠다.

일하는 장소에 대한 짧은 생각

　로스쿨 졸업 후 6개월간 수습으로 일했던 로펌은 규모가 큰 편이었다. 로펌들이 모여 있는 지역에 있었는데, 그 지역을 오가는 사람들의 얼굴은 대부분 심각하다. 소송이나 고소를 하기 위해 이곳을 찾았으니 웃는 경우가 없는 건 당연할 것이다. 그런데 로펌 사무실에 들어서면 온통 각진 방들 일색이라 더 음습하고 무거운 분위기다. 로펌을 찾는 방문객 마음도 더 무거워지는 느낌이다.

　로펌에서 독립하여 내 사무실을 개업하면서 사무실 인테리어만큼은 밝고 환하게 하려고 했다. 벽을 하얀색으로 칠하고 밝은 그림들을 걸었다. 그러자 사무실 분위기가 한층 밝아졌다. 사무실을 찾는, 잔뜩 위축된 의뢰인들이 잠시나마 긴장을 풀 수 있는 공간이 되었으면 한다.

남편들도 육아에 동참하자

아내와 상의하여 주말 육아는 내가 맡기로 했다. 주말 육아를 맡은 후부터 주말에 등산하거나 자유 시간을 즐길 여유가 없어졌다. 보통 주말에는 현장 학습이 많다. 생일 파티에 참석하거나 외국인을 만나러 이태원에 가기도 한다. 같은 반 아이들이 20여 명 정도 되는데 대부분 엄마들이 동반한다.

가뜩이나 낯을 가리는 성향인데 애들 모임에 가면 다들 엄마들이라 곤욕스럽다. 안면이 있는 아주머니 한 분이 아이 엄마는 바쁘시냐고 매번 물어보신다. 혹시 엄마가 없거나 이혼한 거로 오해할까 봐 아내에게 이야기해서 몇 번은 아내가 참석하기도 했다. 그럼에도 여전히 주말 육아는 내 몫이다. 엄마들과 함께 어울릴 수 없는 나에게는 매우 곤욕스러운 시간이지만 앞으로는 안면이 있는 엄마들과 눈인사라도 해야겠다. 무엇보다 육아에 동참하는 아버지들이 많아져서 육아에 관한 여러 이야기를 나누고 싶다.

이런 변호사로 기억되기를

조세와 관련된 업무는 어떤 분야보다도 전문성이 필요하기에, 국세청에서의 근무와 세무사로서의 업무 경험은 조세소송을 진행하는 데 큰 도움이 되고 있다. 의뢰인들도 어려운 조세 문제를 쉽게 파악하는 변호사라는 사실에 큰 만족과 안도감을 느끼는 것 같아 보람을 느끼고 있다.

앞으로도 계속 업무적인 측면에서 '조세 분야의 최고 변호사'로 자리매김하고자 한다. 흔히들 '이기는' 변호사가 최고의 변호사라고 하지만, '신뢰'를 주는 변호사가 최고라고 생각한다. 의뢰인에게 신뢰를 주기 위해서는 우선 성실해야 한다. 의뢰인의 요구사항을 잘 반영하여 사건을 처리하고, 처리 결과를 제때 알려주며, 의뢰인의 전화를 잘 받는 등 성실한 업무 처리를 통해 의뢰인에게 신뢰가 쌓이는 것이다.

나의 경험상 의뢰인과 이러한 신뢰가 쌓이게 되면 비록 패소해도 의뢰인들은 변호사를 원망하기보다는 오히려 위로하고, 심지어 나중에 다른 사건을 소개해 주기도 한다. 의뢰인에게 믿음을 주는 변호사로 기억되고 싶다.

XI

꼭
염두에
두어야 할
법률 상식

좋은 변호사를 고르는 법

　법률 상식이라고 보기는 어렵지만 지인들로부터 가끔씩 좋은 변호사를 어떻게 골라야 할지 모르겠다는 질문을 받곤 하여, 이에 대한 적절한 답이라고 생각되는 글이 있기에 소개한다.

　《시사인》의 주진우 기자가 쓴 『주기자의 사법활극』에서 인용하였다.

　대부분의 사람에게 소송이나 검찰 조사, 재판은 인생에서 가장 시급하고 중요한 일이 된다. 그런데 나에겐 절체절명의 사건이 변호사에게는 40~50건의 일거리 중 하나라는 것을 명심해야 한다.

　좋은 변호사의 첫 번째 조건은 의뢰인의 이야기를 잘 들어주는 성실함이다. 자기 사건처럼 열성껏 달려드는 변호사를 찾는 게 중요하다.

이야기를 나누면서 눈을 자주 맞춰보면 좋은 변호사인지 쉽게 가늠할 수 있다. 이야기를 나눌 때 눈빛이 반짝이면서 호기심을 보이는 변호사가 있다. 그들이 진짜다. 아무리 유명한 전관 변호사를 쓰더라도 너무 바빠서 나를 만나줄 시간이 없다면 좋은 변호사가 아니다.

만약 내가 재판을 해야 한다면 젊고 꼼꼼하고 성실한 7~10년 차 변호사를 고르겠다. 내 이야기를 편히 할 수 있고, 변호사도 의욕을 보이고 항상 전화 통화가 되는 사람이면 무조건 맡기겠다.

대형 로펌보다 3, 4명이 하는 소규모 사무실에 진짜 유능한 변호사들이 포진해 있다. 에너지 넘치는 젊은 변호사와 손을 잡고 처음부터 끝까지 가는 게 좋다.

처음으로 변호사를 선임하는 사람이라면 위 글을 명심하고 변호사와 상담을 해본 뒤 결정하기를 권한다.

계약서 작성의 생활화

개인적으로 돈을 빌려줄 때 나 또한 계약서 작성을 꺼리게 된다. '친구끼리 갚아주겠지'라고 생각하지만 실제로 돈을 못 받는 경우도 있다. 돈 잃고 친구도 잃어버려 아주 고약하다. 왜 계약서를 쓰지 않는 것일까? 그 이유가 많겠지만 평소 교육을 받거나 작성해 본 경험이 없어 익숙하지 않기 때문이다.

계약서를 접하는 경우는 은행이나 대기업 등 갑이 작성한 계약서를 대충 보고 사인하는 경우가 대부분이다. 어릴 때부터 교육을 받아야 한다. 계약서 쓰는 것도 연습해야 한다. 선진국에서는 결혼할 때 부부 사이에 계약서를 쓰는 경우가 많다. 이혼 시 재산 분할에 대해서, 심지어 성관계 횟수까지 계약서 내용에 포함하기도 한다.

이렇게 구체적으로 명기해두면 여러 상황에서 책임을 따질 수 있고, 특히 이혼 시 유책 배우자를 결정할 때 중요 서류가 될 수 있으며, 오히려 이혼을 방지하는 효과도 있다. 외국의 유명 배우들이 바람을 피워 엄청난 위자료를 지급하고 이혼했다는 기사가 종종 나오는데, 위자료 산정의 기초가 된 것이 아마도 혼인계약서일 거다. 우리나라는 이혼에 따른 위자료를 크게 산정하기 않기 때문에 더욱더 혼인계약서 작성이 필요하다. 계약서가 있으면 아무래도 당사자는 부담을 갖고 조심할 것이며, 계약을 어겼을 때 마땅한 책임을 지울 수 있다.

미려한 인생의 마침표를 위해, 유언장

오랜 시간을 들여 가족들과 상속 절차를 완료하고 어떻게 재산을 배분할지 다 정리했는데, 홀연 이탈리아에서 온 생면부지의 사람이 상속에 대한 소송을 제기한다. 누구일까? 돌아가신 어르신의 숨겨둔 자식이다. 이런 상황이 발생하면 기존에 들였던 시간과 노고는 허공으로 돌아가고 원점에서 다시 시작해야 한다.

이런 황당한 경우가 심심치 않게 일어난다. 인생의 깔끔한 마무리를 위해서는 사전에 철저하게 준비해야 한다. 남겨둔 재산은 많은데 사전에 정리해두지 않으면 자식 간의 싸움은 물론이고 소송을 거쳐 형제지간이 남남이 되는 케이스를 쉽게 발견할 수 있다.

부모님이 돌아가신 후 상담을 받으러 오는 유족들 중 며느리가 오는 경우가 있다. 대부분 한이 서린 며느리이다. 시아버지에게 구박받던 막내며느리가 와서 이야기한다. 큰 아주버님은 사업한다고 몇년 전 알짜 빌딩을 가져갔고, 둘째 아주버님도 많지 않은 월급에 얼마 전 강남의 아파트를 마련한 사실을 상기시킨다. 막내는 아무것도 받지 못했음을 호소한다. 돌아가신 어르신이 생전에 막내에게 물려줄 생각이 없었다고 하더라도 이렇게 미리 나눠준 재산들은 모두 상속재산에 포함하여 재배분하게 된다. 망인이 원하지 않는 방향으로 재산이 나뉘게 되는 것이다.

만약 원하는 방향으로 재산을 배분하되 가족 간에 분란이 일어나지 않게 하고 싶다면 법적 효력이 있는 유언장을 반드시 작성해야 한다. 이 어르신이 유언장에 막내며느리는 제사에도 참여하지 않고, 아파서 병원에 있을 때도 찾아오지 않았던 반면 첫째 며느리는 제사를 주관하고 수발도 들었다는 내용을 자세히 기재하였다면 첫째 며느리가 이러한 내용에 약간의 입증을 거쳐 기여분이라는 몫으로 상속을 더 인정받을 수 있다.

그러면 막내는 법에서 최소한의 몫으로 가져갈 수 있는 유류분만 가져갈 뿐이다. 즉, 망인이 원하는 방향으로 재산이 배분될 수 있다. 언제 하늘나라로 갈지 아무도 모른다. 지금 당장 법적 효력이 있는 유언장부터 작성하자.

타이밍이 돈이다

많은 일이 그렇겠지만 세금도 타이밍이 중요하다. 잔금은 언제 치를 것인가? 이사를 해야 하는데 집은 언제 팔아야 할 것인가? 세무적 관점에서 타이밍만 제대로 맞추면 몇백만 원에서 몇억 원을 절약할 수 있다. 몇 가지 케이스를 살펴보자.

부동산 매매 시 잔금은 언제 치를까?

부동산을 사고팔 때 잔금을 치르는 날짜에 따라 재산세 납세자가 달라질 수 있다. 부동산 매매에서 계약에서 잔금을 치르기까지 보통 2~3달 정도 걸린다. 매도자 입장에서 가정해보자. 5월 말에 잔금을 받기로 했는데 매수자가 사정이 생겨 6월 초로 미루자고 한다면 어떻게 할까? 5월 말에서 6월 초라면 며칠이 되지 않는다. 그러니 돈을 빨리 받아야 할 큰 이유가 없다면 매수자의 사정을 봐줄 가능성이 크다.

그러나 그 며칠의 유예 때문에 매도자는 안 내도 되는 1년 치 재산세를 내야 한다. 현행 「세법」상 주택이나 토지의 재산세는 매년 6월 1일 현재 보유자에게 부과된다. 보통 부동산 잔금일과 등기 이전일 중 빠른 날을 소유권이전일로 본다. 즉, 위의 매도자가 재산세를 내지 않으려면 잔금일과 등기이전일이 모두 5월 31일 이전이어야 한다.

부동산 금액에 따라 다르겠지만 보통 몇백만 원의 추가 세금을 낼 수 있는 것이다. 법을 모른다고 봐주는 법은 없다. 이렇듯 법을 알게 되면 불필요한 비용을 줄일 수 있다.

며칠의 차이가 수억의 손해로

실제로 일어났던 일이다. 어떤 분이 돈이 급해 농지를 싸게 팔았는데, 그 후에 전혀 예상하지 못했던 세금 폭탄을 맞았다. 7년 11개월을 보유했던 농지였는데, 며칠만 지나 8년을 넘기고 팔았다면 내지 않아도 될 억대의 세금을 내게 된 것이다. 본인이 직접 경작해온 농지이기 때문에 8년만 보유했으면 양도소득세 감면을 받을 수 있었다.

직접 농사짓는 토지, 즉 자경농지는 8년 이상을 보유하면 양도세

감면 혜택이 매우 큼에도 그러한 정보를 미처 알아보지 못했던 것이다. 사채를 갚기 위해 돈을 급하게 마련하다 보니 이것저것 알아보지 못하고 매수자가 나타나자 바로 팔아버렸다고 한다. 만약 잔금 치르는 시기를 조금만 늦췄다면 큰돈을 절감할 수 있었던 안타까운 사례였다. 한 번만 세무전문가에게 의견을 구했더라면 내지 않았을 세금을 내게 된 것이다.

교수님께 인사받게 된 사례

로스쿨 다닐 때는 내가 초고령이었다. 때론 교수님들보다 나이가 많았다. 하지만 로스쿨에서는 인기가 있었다. 교수님 중에 내가 세무사 경력이 있다는 것을 듣고, 세무 상담을 요청하는 경우가 종종 있었다. 집을 언제 파느냐에 따라 세금이 나올 수도, 전혀 안 나올 수도 있다.

당시 서울과 신도시 지역의 주택은 3년을 보유하고 2년을 거주해야 양도소득세가 비과세되었다. 2년하고 8개월 시점에 집을 팔아야 했던 교수님께 계약은 지금 하시되, 잔금일자를 몇 개월 지나 3년 2일째 되는 날로 잡으시라고 조언해드렸다. 양도소득세는 매매계약 시점이 아닌 잔금지급 시점을 기준으로 하기 때문이다. 교수님은 나의 조언 때문에 1억 원 가까운 세금을 절세할 수 있었다.

그 후 그 교수님은 나를 볼 때마다 반갑게 대해 주셨다. 교수님들 사이에 소문이 나서 꼭 필요한 절세비법을 알려드리곤 했다. 교수님들은 마술처럼 세금을 깎는다고 하시면서 좋아하셨다. 그때는 특별히 로비한 것도 없이 교수님들과 가까워질 수 있었다.

부동산 매매 등 큰 금액의 거래를 할 때는 경험이 풍부한 세무사에게 먼저 컨설팅을 받는 것이 좋다. 컨설팅 비용이 조금 들긴 하겠지만 큰 손실을 미리 방지할 수 있다. 계약이 완료된 후에는 할 수 있는 일이 제한적이다. 호미로 막을 일을 가래로도 막지 못하는 일이 심심치 않게 일어난다.

경비 처리에 대해

    법인을 운영하거나 개인 사업을 하는 경우, 경비를 어떻게 처리하는 것이 좋은지 고민하게 된다. 음식점에 갔을 때 법인카드로 계산해야 할지, 현금으로 지급해야 할지, 개인카드로 계산해야 할지 명확한 판단이 서지 않아 혼란스러워하는 것 같다. 업무적인 목적으로 돈을 쓸 경우는 법인카드로 사용하는 것이 비용 측면에서 유리하다.

    밥값이 1만 원일 경우 법인카드로 지급하면 실제로는 8천 원 정도만 계산한 것이 된다. 법인세 효과를 고려했을 때 현금결제에 비해 20%의 할인 효과가 있다. 택시를 타는 등 어쩔 수 없이 현금을 낼 때도 현금영수증을 받아서 처리하면 법인카드를 사용하는 것과 같은 절세효과를 얻을 수 있다.

    직장인의 경우 개인카드를 사용하면 연말정산을 할 때 소득공제를 받을 수 있다. 회사 대표라면 주말에 대형할인점이나 백화점에서 개인적 용품들을 법인카드로 사는 것을 조심해야 한다. 세무당국은 매출액 규모에 따라 비용출처에 대해 점검을 한다. 법인카드의 주중, 주말 사용 비율과 대형할인점이나 백화점 사용 비율 등을 주시한다. 필요하면 대형할인점이나 백화점에 공문을 보내 사용된 법인카드의 상세내역을 제출받기도 한다.

법인카드의 경비 인정은 업무와 관련된 것으로만 한정되기 때문에 주말에 개인적으로 사용하는 비용은 개인의 돈으로 지급해야 한다. 개인적인 돈은 월급을 받은 것에서 처리해야 한다.

이런 부분에 혼란을 느끼고 있다면 경험 있고 실력 있는 세무사와 협의하는 것이 좋다. 다른 사람에게 투자를 받거나 빌려서 회사를 운영하는 사람 중에 월급을 받지 않고 회삿돈으로 개인 비용까지 처리하는 대표들이 있다. 중소규모의 회사에서는 대표가 사용하는 돈에 대해 뭐라고 하는 사람이 없어 당장에 문제가 되지 않는 것처럼 보인다. 그러나 투자자들이나 채권자들이 이 사실을 알고 문제를 제기하면 횡령, 배임 등 형사고소를 당할 수 있으니 유의해야 한다.

객관적 증거를 남겨라

단둘이 있을 때 현금으로 돈을 빌리는 경우가 있다. 돈을 빌려준 것은 분명한데 상대방은 그런 사실이 없다고 잡아뗀다. 둘과 하늘만 알 뿐 증거가 없다. 진실을 증명할 수 없는 사건들은 매우 어렵다. 정황으로 볼 때 의뢰인이 돈을 빌려준 것은 확실한데 법정에서 증명할 수 있는 증거가 없으면 패소할 가능성이 크다. 한 달 내로 갚겠다는 말을 믿고 100만 원을 빌려줬는데 증인도 증거도 없는 상태에서 상대가 오리발을 내밀면 대책이 없다. 소송을 해도 진다.

만약 돈을 빌려주었다는 각서라도 한 장만 받아 놓았다면 재판에서 이길 가능성이 크다. 판사는 확인할 수 있는 증거가 없으면 누가 진실을 말하는지 알 수 없다. 객관적으로 확인할 수 있는 증거가 중요한 이유이다.

요즘 젊은이들은 스마트폰 사진이나 카톡 등 디지털 증거자료들을 잘 모으고 편집도 잘한다. 최근 법정에서 이러한 디지털 증거자료가 많이 제출되고 법원도 이를 근거로 하여 시비를 가리기도 한다. 여하튼 문제가 될 만하다고 생각되면 증거를 남겨야 한다.

부록

알아두면
좋은
법률 상식

헷갈릴 수 있는 법률 용어

작년의 국정농단 사건 때 매일같이 언론에 관련 소식들이 나왔다. 그 소식들 중 법정 용어가 많이 보인다. '탄핵 심판'을 필두로 무수한 법정 용어들이 난무하고 있다. 그런데 기자들도 법률 용어를 잘못 쓰는 경우가 많다.

형사사건에서 흔히 접하는 말이 고소와 고발, 피의자와 피고인이다. 언론에서도 혼용해서 쓰고 있으나 실제로는 각각 다른 의미를 가지고 있다. '고소'는 형사 사건의 피해자가 직접 수사기관에 수사를 요청하는 것(「형사소송법」 제223조 범죄로 인한 피해자는 고소할 수 있다)이고, '고발'은 제3자가 수사기관에 범죄사실을 알려 수사하도록 하는 것(「형사소송법」 제234조 누구든지 범죄가 있다고 사료되는 때에는 고발할 수 있다)이다.

내 물건을 훔쳐간 사람을 내가 수사기관에 신고할 때는 피해자가 직접 하는 것이므로 '고소'라고 하며, 시민단체가 대기업 총수를 횡령 등의 혐의로 수사기관에 신고할 때는 제3자인 시민단체가 하는 것이므로 '고발'이라고 한다.

'피의자'는 수사기관에서 범죄를 저질렀다고 의심을 받고 있는 사람을 말한다. 주로 경찰과 검찰에서 수사를 받고 있는 자를 지칭하는 용어이다. 경찰과 검찰 수사 결과 피의자에 대한 범죄 혐의가 인정되어 재판에 넘겨지면(이를 '기소' 또는 '공소제기'라고 한다) 이때부터 '피의자'는 '피고인'으로 신분이 바뀐다. 형사 재판이 진행 중인 범죄 혐의자를 '피고인'이라고 부른다. 탄핵되어 대통령직을 상실한 박근혜 전 대통령에 대한 형사 재판이 진행 중일 때 박근혜 전 대통령이 '피고인' 신분인 것이다.

또 헷갈리기 쉬운 것이 '구형'과 '판결'이다. '구형'은 범죄 사실에 대해 검사가 선고를 요청하는 형량을 말하는 것이다. 반면에 '판결'은 판사가 법정에서 내리는 재판 결과이다. '무죄', '징역 3년'과 같은 것을 말한다. '구형'이 가정이라면 '판결'은 결론이라고 할 수 있을 만큼 다른 의미이다. 기본적인 법률 용어를 알면 이러한 사건에 대해 보다 상세히 알 수 있다.

부동산 거래 시 유익한 법률 상식

① 주택 임대차계약 시 확정일자를 받아라

세입자가 주택에 입주한 후 전입신고를 하면서 확정일자를 받아 두면 우선순위에서 전세권 설정등기를 한 것과 비슷한 효과를 가진 다. 집주인이 확정일자를 받은 이후에 다른 사람에게 근저당권, 전 세권을 설정해 두더라도 그보다 우선순위가 된다. 즉, 위 근저당권 등으로 인해 집이 경매에 넘어가더라도 전세보증금을 우선 배당받 을 수 있게 된다.

② 임차권 등기명령을 이용하자

이 경우는 계약기간이 끝났음에도 집주인 전세보증금을 돌려주 지 않는 것에 대한 법적인 구제 방법이다. 임차권 등기명령은 계약 이 종료되었는데도 보증금을 돌려받지 못한 세입자를 위해 부동산

등기부에 권리를 등재하는 제도이다. 일단 임차권 등기가 된 다음에는 이사를 가도 종전의 권리는 계속 유지된다.

그래도 집주인이 전세보증금을 돌려주지 않는다면 부동산에 가압류를 하거나 임대차보증금 반환소송을 제기할 수 있다.

③ 부동산매매계약 시 가등기를 주의하라

부동산거래 시에는 부동산등기부뿐만 아니라 토지대장, 지적도, 건축물관리대장, 토지이용계획확인서 등을 꼼꼼히 살펴보아야 한다. 일단 계약을 하고 나면 쉽게 해제할 수 없고, 통상 매매대금의 10%에 해당하는 계약금을 날리는 경우도 발생하기 때문이다. 특히, 부동산등기부에 가등기가 되어 있으면 주의해야 한다.

지금 내 명의로 부동산을 이전하여 왔다고 하더라도 추후 가등기 권리자가 자기 이름으로 소유권이전등기(이를 본등기라고 한다)를 마치게 되면 내 명의는 지워지게 되므로 소유권을 잃게 된다.

④ 세금문제를 사전에 확인해야 한다

부동산을 매매하게 되면, 매도자는 양도소득세를, 매수자는 취득세를 내야 한다.

특히, 매도자의 경우 주의해야 할 점은 부동산 매매 시 양도소득세는 매년 많은 개정이 있어 낭패를 볼 수 있기 때문에 미리 계산해 보아야 한다. 예컨대, 몇 년을 보유했느냐에 따라 비과세 여부 및 장기보유특별공제율이 달라질 수 있어 양도소득세 부담도 그에 따라 현격한 차이를 보일 수 있다. 사전에 양도소득세 등을 계산해보고 절세방안을 강구해 본다면 돈의 지출을 막을 수 있을 것이다.

⑤ 매수인이 대출문제로 등기를 먼저 넘겨달라고 하면 거절하라

매수인으로부터 잔금을 받지 않고 등기를 먼저 넘겨줬다가는 낭패를 볼 수 있다. 특별한 약정이 없는 한 잔금 지급의무와 등기 이전의무는 서로 동시에 이행하도록 되어 있으므로 매수인이 잔금을 주지 않고 등기 이전을 요구할 때 매도인은 잔금을 받기 전까지 등기 이전을 거절할 수 있다. 이러한 권리를 민법에서는 '동시이행의 항변권'이라고 한다.

⑥ 계약을 해지할 때는 해약금이 있음을 유념하자

부동산 거래 시 중개사무소의 권유나 다른 이유로 섣불리 계약을 체결하고 계약금을 지급한 후 계약을 해지하고 싶다면 어떻게 해야 하나? 「민법」 제565조에 의하면, 계약 시 주고받은 계약금은 대개 계약이 이행되면 당연히 매매대금의 일부가 되어 대금 중에 포함되지만, 해약할 경우 해약금으로 보고 있다.

따라서 계약금을 준 사람(매수인, 임차인)은 이것을 포기하고, 받은 사람(매도인, 임대인)은 받은 계약금의 배액을 돌려주고 계약을 해지할 수 있는 것이다. 부동산거래와 같이 금액이 큰 계약의 경우 사전에 꼼꼼히 살펴보는 것이 중요하며, 특히 공인중개사의 말만 믿고 섣불리 계약했다가는 낭패를 볼 수 있다, 공인중개사에게 손해배상의 책임을 물리는 것이 쉽지만은 않다.

⑦ 권리금을 합법적으로 받을 수 있다

가게를 운영하다가 계약종료로 주인이 그냥 나라가고 한다면 어떻게 해야 할까? 그동안 임차인의 권리금이 보장되지 않아 사회문제로 인식되던 것을 정부는 2015년 「상가건물임대차보호법」 제10조의 4를 개정하면서 임차인의 상가권리금 회수기회를 보장하도록 하였다.

임대인이 임차인에게 계약기간 만료로 나가라고 하더라도, 임차인이 계약만료 전 3개월부터 계약만료 시까지 새로운 임차인을 구하여 권리금을 받을 수 있고, 만약 임대인이 이를 방해한다면 임대인에게 손해배상을 청구할 수 있다. 따라서 임차인은 장사를 하면서 쌓아놓은 신용 등 무형적인 영업권을 합법적으로 보장받을 수 있다.

세금을 연체하고 폐업할 때 주의할 점

사업 부도나 사업 부진으로 폐업하는 경우 명심해야 할 점이 있다. 그중에서도 중요한 것이 세금과 관련된 것이다.

사업자등록의 폐업신고이다. 국세청 홈페이지에서 다운받거나 세무서에 비치된 폐업신고서를 작성하여 사업자등록증과 함께 가까운 세무서를 방문하여 제출하면 된다. 홈택스 가입자로서 공인인증서가 있으면 인터넷으로 폐업신고가 가능하다. 면허나 허가증이 있는 사업의 경우에는 면허 등을 받은 기관에도 폐업신고를 하여야 한다.

사업을 폐업한 후에는 폐업일이 속한 달의 말일부터 25일 이내에 부가가치세 신고를 하여야 하고, 폐업한 연도의 1월 1일부터 폐업일까지 발생한 종합소득을 그다음 연도 5월 말일까지 자진해서 신고·납부하여야 한다.

특히 사업의 부도나 부진으로 폐업할 때 세금이 체납된 경우라면 나중에 재기할 때를 생각하여 반드시 챙겨야 할 것이 있다. 바로 소멸시효 문제다.

「민법」에는 소멸시효 제도라는 것이 있는데, 소멸시효란 권리자가 권리행사를 할 수 있음에도 불구하고 장기간 권리를 행사하지 않을 경우 그 권리를 소멸하게 하는 제도를 말한다.

채권자가 돈을 빌려주고 10년 동안 채무자에게 아무런 독촉을 하지 않은 상태로 있다면 채권자는 소멸시효의 완성으로 인해 더 이상 채무자에게 돈을 갚으라고 할 권리가 없다. 채무자는 소멸시효의 완성으로 채무의 굴레에서 벗어나게 된다.

이와 유사한 제도가 「세법」에도 있다. 「국세기본법」에 규정되어 있는 '국세징수권의 소멸시효' 제도다.

정부가 국세징수권을 5년간(5억 원 이상의 체납국세는 10년간) 행사하지 아니하면 소멸시효가 완성되어 국세징수권이 소멸된다. 체납자는 국세징수권의 소멸시효 완성으로 더 이상 국세를 납부하지 않아도 된다.

그러나 세금을 체납한 상태에서 사업을 접은 지 10년도 훨씬 지났는데, 여전히 세금이 연체 중이라는 것을 알고 왜 소멸시효가 완성되지 않았는지 물어보는 사례가 많다.

이것은 소멸시효의 중단에 관한 규정을 잘 몰라서 세금을 방치한 결과이다.

정부가 체납자 명의로 된 예금이나 보험 등의 잔액이 없음에도 압류를 실시하여 국세징수권 소멸시효가 중단되어 현재까지 그 상태가 유지된 경우가 대부분이다. 대법원도 예금 잔액이 없더라도 압류를 하였다면 소멸시효 중단의 효력이 있다고 판시하고 있다(대법원 2009.6.11. 선고 2009두4418 판결 등).

따라서 세금을 체납하고 폐업을 하였다고 하여도 자신의 명의로 된 예금이나 보험이 압류되면 그대로 방치할 것이 아니라 곧바로 세무서를 방문하여 추심을 의뢰하고 압류를 해제하는 절차가 필요하다.

압류가 해제되면 그때부터 다시 소멸시효가 진행되므로 그때부터 5년이 경과하면 국세징수권의 소멸시효가 완성되어 국세 납부의무가 소멸되는 것이다.

정부가 소위 깡통계좌를 압류했다고 해서 곧바로 해제하지 않고 그대로 두게 되면 국세징수권의 소멸시효는 영원히 중단되므로 체납한 사람이 적극적으로 압류를 해제해달라고 요청해야 한다.

그래야 일정 기간 이후에 세금 부담 없이 사업을 재기할 수 있다. 폐업 이후에도 마무리를 잘해야 한다.

절세와 탈세, 조세회피행위는 어떻게 다른가?

최근 우리나라의 조세부담률이 역대 처음으로 20%를 돌파할 것이라는 기사를 접했다. 경제활동을 생각할 때 세금을 떼어놓고 생각할 수 없다. 그만큼 세금이 경제생활의 중요한 고려요소이다.

세금을 줄이는 일은 분명 좋은 일이다. 그러나 거기에도 한계가 있다. 세금을 줄이는 방식은 크게 탈세와 절세, 조세회피행위로 구분할 수 있다.

절세란 「세법」이 인정하는 범위 내에서 합법적, 합리적으로 세금을 줄이는 행위를 말하며, 「세법」의 테두리 내에서 세금을 줄일 수 있는 유리한 방법을 찾는 것이다. 「세법」에서 인정하고 있는 방법이므로 아무런 문제가 없다.

양도소득세를 줄이기 위하여 잔금일자를 조정함으로써 장기보유특별공제를 추가로 받은 경우, 세법에 규정되어 있는 각종 소득공제

및 세액공제의 혜택을 받는 것은 절세에 해당한다.

탈세란 고의로 사실을 왜곡하는 등의 불법적인 방법을 동원하여 세금을 줄이려는 행위를 말하며, 탈세에 해당하면 세금이 추징됨은 물론이고 「조세범처벌법」에 따라 형사처벌을 받을 수 있다. 여기서 형사처벌이란 징역형과 벌금형을 말한다.

매매계약서를 허위로 작성하여 양도소득세 적게 낸 경우나 매출 규모를 축소 신고한 경우, 실제 지출하지 않은 경비를 지출한 것처럼 허위로 계상하는 경우 등이 대표적인 탈세 유형이다.

정부에서 시행하고 있는 금융소득종합과세 실시, 신용카드가맹점 확대, 주류구매전용카드제 시행, 입장권전산발매시스템 등은 탈세 행위를 근절하기 위해 시행하고 있는 제도이다.

조세회피행위란 「세법」을 간접적으로 침해하는 것으로 사법상 거래는 유효하나 「세법」상 과세표준을 다시 계산하여 세금을 추가로 내는 것을 말한다. 형사처벌의 제재는 없다.

법인이 자금을 특수관계인이 대표이사에게 무이자로 빌려준 경우 「세법」은 이를 조세회피행위로 보아 법인은 대표이사로부터 법정이 자만큼을 받은 것으로 보아 세금을 추징하고, 대표이사에게도 근로

소득세로 과세한다. 조세회피행위의 대표적인 유형이다.

　이러한 절세, 탈세와 조세회피행위의 개념과 처벌의 수위를 정확히 이해하는 것이 경제활동을 하는 데 필요하다. 사전에 충분히 준비하면 현명한 절세를 할 수 있다.

생활법률 교육의 필요성에 대해

계약에 대한 개념이 약한 연예인들이 많은 듯하다. 모 유명 엔터테인먼트 회사와 계약된 유명 가수의 법률자문을 한 적이 있다. 신인 때 쓰인 계약서는 문제가 많다. 그것이 후에 커다란 족쇄가 될 수 있다. 처음부터 법률전문가가 뛰어들어 제대로 조언해줬다면 대부분 조율될 수 있는 것들이다.

계약서에 앨범을 몇 장 내야 한다고 명시한다. 하지만 연예 활동을 하다가 중간에 공부를 할 수도 있고, 아플 수도 있고 여러 상황이 생길 수 있다. 심지어는 주말에 어디 있는지 보고해야 한다는 조항도 있다. 젊은 친구들과 계약을 하고 단체합숙까지 하는 엔터테인먼트 업체는 법률전문가를 고용하여 연습생 시절부터 따로 법률교육을 시켜야 한다고 생각한다.

계약서를 보는 요령, 계약을 체결할 때 주의할 점 같은 아주 기본적이지만 추후 사회생활을 할 때 중요한 것들을 교육하여야 한다.

그래야 연예인들이 사회에 나와서도 사기를 안 당하고 제대로 살아갈 수 있기 때문이다. 사기 당해서 파산까지 간 사례, 자살에 이른 사례, 계약을 잘못해서 패가망신한 사례들을 아는 등 기본적인 생활법률을 공부해야 한다.

운동, 노래, 춤만 추다가 사회에 나오면 사회 물정을 잘 모르기 때문에 반드시 그러한 교육이 필요하다. 사소한 부주의로 인생이 무너지지 않기 위해서도 필요하다. "연대보증을 서주면 왜 안 되나요?" 이런 질문을 한다는 것은 연대보증이 뭔지도 모르는 것이다. 백지 인감도 마구 떼 준다. 그것은 자신의 인감을 어디에나 써도 된다고 위임하는 행위로 해석될 수 있다. 그 인감으로 사채를 빌려 써도, 대출을 받아도 되는 것이다.

용도를 기재하면 용도 이외의 사용에 대해서는 이의를 제기할 수 있다. 은행제출용, 대출용, 회사직원등록용, 갑근세신고용, 근로계약서작성용 등 인감증명서의 사용 용도란에 그 용도를 명확히 적어서 줘야 한다. 의외로 이러한 위험성을 모르는 사람들이 많다. 또한 당사자들 간의 계약에 있어서 특약사항으로 된 부분은 무조건 우선 적용되므로 매우 중요하게 보아야 한다.

이것을 알면 특약을 유리하게 활용할 수 있다. 예를 들어 '내가 필요할 때 계약을 해지한다. 공부하고 싶을 때는 한 달 전에만 통보하면 계약을 해지할 수 있다'. 이런 문구를 한 줄만 써놔도 계약에 묶여서 소송에 휘말리거나 위약금을 배상하지 않을 것이다.

얼마 전 뉴스에서 들은 바로는 하지원 씨가 화장품 광고 관련 위약금소송을 당했다고 한다. 계약은 당연히 연예인에게 불리하게 되어 있을 것이다. 연예인들은 계약서에 서명할 때 보통 열 장씩 되는 계약서를 잘 보지 않는다. 예를 들어 행사 때마다 나오라는 것이 명시되어 있으면 특약조항에 '다만 드라마 촬영 중에는 예외적으로 나갈 수 없다'라고 기재할 수 있다. 보통 갑의 지위에 있는 사람이 써온 특약조항을 아무 의심 없이 확인하지 않고 서명해버린다. '복잡하네, 머리 아프네' 하면서 그냥 서명해버리면 절대로 안 되는 것이다. 살아가면서 누구나 한 번은 계약을 한다. 기본교육을 받고 조금만 깐깐하게 따지면 불리한 조건에서 벗어날 수 있다.

필자의 업무에 관하여

'세무조사 대행'은 주 업무가 아니며 전체 업무의 10% 정도이다. '조세불복대리'를 주로 하며, 그중에서도 '조세행정소송'이 대부분을 차지하고 있다. 국세청 출신이라는 배경과 세무사무소 운영 경험과 노하우가 이 부분에서 강점으로 작용하고 있다.

1. 상속·증여세 신고대행

■ 상속, 증여를 위한 사전 컨설팅 서비스 제공

고객의 보유 자산과 현재 상황을 분석하여 사전증여, 가업승계, 유언장 작성, 상속세 및 증여세 재원 마련 등의 계획을 면밀히 수립하여 합법적이면서 절세가 가능한 최상의 컨설팅 서비스를 제공한다.

■ 상속세 및 증여세 신고 및 사후관리

상속세와 증여세 신고서를 작성하기 위한 각종 자료를 준비하여 국세청에 신고하는 업무를 대행하며, 신고 이후 국세청의 소명요구 및 세무조사에 대비하여 진행 사항을 파악하고, 실제 소명요구 또는 세무조사 시 업무를 대행한다.

2. 세무조사 대행

■ 세무조사 사전 점검 서비스 제공

국세 공무원과 세무사 업무의 경험을 바탕으로 기업체 및 개인의 세무상 리스크를 사전에 파악하여 부당한 세금이 부과되는 것을 방지하고, 절세할 수 있는 방안을 강구하는 등 세무점검 서비스를 제공한다.

■ 세무조사 입회

일선 세무서 및 지방국세청에서 실시하는 세무조사를 입회하고, 세무상 쟁점에 대한 최선의 방안을 도출한다.

- 부가가치세, 법인세, 종합소득세 등 기업 관련 세무조사
- 상속·증여세, 양도소득세 등 재산 관련 세무조사
- 지방세 관련 세무조사

3. 조세불복 대리

▣ 조세행정심판청구

부과처분 이전 단계에서 제기하는 과세전적부심사청구, 세무서장 또는 지방국세청장에게 하는 이의신청, 국세청 또는 감사원에 제기하는 심사청구, 조세심판원에 제기하는 심판청구가 있다. 이러한 조세심판청구를 대리한다.

▣ 조세행정소송

조세행정소송에는 위법한 조세행정처분이나 부작위에 의하여 권리·이익을 침해받은 자가 과세관청을 상대로 제기하는 항고소송과 과세관청의 처분 등을 원인으로 하는 법률관계에 관한 소송인 당사자소송이 있다. 항고소송은 다시 취소소송, 무효등확인소송, 부작위위법확인소송으로 구분된다. 이러한 조세행정소송을 대리한다.

▣ 조세 민사·형사 소송

조세민사소송에는 조세환급청구소송(부당이득반환청구소송)과 국가배상청구소송, 과세주체가 제기하는 사해행위취소소송, 조세채권의 우선권 등을 둘러싼 배당이의소송, 제3채무자를 상대로 한 압류채권지급청구소송, 원인무효 등의 압류등기(등록)말소소송 등이 있다. 조세형사소송에는 「조세범처벌법」 위반 사건에 대한 경찰과 검찰의 수사를 입회하고, 기소 후 형사법정에서 변론을 해야 한다. 이러한 조세 민사 및 형사 소송을 대리한다.

■ 조세헌법소송(위헌법률심판청구, 헌법소원)

조세와 관련된 헌법소송으로는 법원의 위헌법률심판제청 또는 법원이 납세자의 위헌법률심판제청신청을 기각한 경우에 납세자가 직접 제기하는 헌법소원 등이 있다. 조세헌법소송을 대리하여 납세자의 권리를 구제한다.

　사람들은 꼼수 부리지 않고 사는 것이 쉽지 않다고 이야기하곤 한다. 그리고 요령 피우지 않고 산다는 것은 가뜩이나 힘든 인생에 미련한 짓이라고 말할지도 모르겠다. 하지만 저자 이명은 그런 사회적 통념과 내면의 어쩔 수 없는 생존 본능을 용감하게 깨부수면서 살아왔다. 마치 세상을 거스르면서 '쉽게 쉽게' 살아가는 이 세상 사람들을 비웃기라도 하듯 말이다.

　사실 저자 이명은 변호사로서도 그리고 사회적 입지를 구축하는 면에 있어서도 같은 나이의 다른 사람들에 비해서 많이 늦은 듯한 삶을 살아왔다. 책 내용에서 보여주었듯이 숱한 고생과 난관을 이겨왔으면서도 그는 스스로에 대해서 자기 자신을 드러내거나 어필하는 일을 많이 어색해한다. 겸손하면서도, 자신이 겪어 온 인고의 세월들에 담담하게 대할 수 있는 이런 내적인 힘은 과연 어디서 나오는 것일까?

　저자 이명이 가진 그러한 힘은 세상을 마주 대하는 많은 사람들에게, 특히나 꿈을 향해 자신의 발걸음을 옮기는 젊은이들에게 신선하면서도 묵직한 여운을 남긴다. 세상을 움직이는 진짜 힘은 과연 무엇일까? 조금 돌아가더라도 자기 자신의 본질과 내적인 성숙, 그리고 스스로의 양심에 충실한 삶을 사는 것은 아닐까? 저자 이명은 자신의 삶에 대해서 스스로를 속이거나 괴리감을 방치하려고 하지 않았다.

그가 약자의 편에서 일하기를 원했던 것, 대의를 위해서 불편한 삶을 감수하기로 했던 것은 변호사로서의 생소하고 힘든 삶을 살기로 결정했을 때 여실히 드러났다. 사실 그는 세무사로서도 나쁘지 않은 삶을 살 수 있었다. 하지만 자신의 삶에서 현실적인 괴리를 발견했고 불합리한 삶의 주인공으로서 살지 않겠다고 다짐했다. 결국 현재는 남들보다 한참이나 늦깎이 나이에 제대로 된 법조인으로서 스스로의 삶을 만들어가고 있다.

그의 인생은 우리에게 시사하는 바가 크다. 과연 우리는 자신의 삶의 신념과 정서에 얼마나 부합되는 삶을 살아가고 있는가? 혹시 우리는 빨리 질러가기 위해서 내면의 껄끄러움을 도외시하거나 적당히 타협하면서 살아가고 있지는 않은가? 저자 이명은 자신의 내면에 충실하면서도 그리고 본질을 도외시하지 않으면서도 충분히 자신의 성공을 만들어가는 것이 가능하다는 것을 보여주고 있다. 그가 인생에서 만들어 낸 용기와 성공자로서의 실례들은 우리에게 뜻하지 않은 힘과 용기를 준다.

이제 우리가 만들어가야 할 차례다. 오랜 훗날 스스로의 삶을 되

돌아보면서 만족스럽고 후회하지 않는 진짜 삶을 만들어갈 시간인 것이다.

편집자